JILPT 第 3 期プロジェクト研究シリーズ *No.8*

次代を創る地域雇用政策

労働政策研究・研修機構 編

まえがき

　本書は、労働政策研究・研修機構が第3期中期計画（2012年度から2016年度）に実施した「我が国を取り巻く経済・社会環境の変化に応じた雇用・労働のあり方についての調査研究」サブテーマ「労働力需給構造の変化と雇用・労働プロジェクト」を中心に、地域雇用に関する調査研究活動の成果を取りまとめたものである。

　研究期間中、日本経済および地域経済は、リーマン・ショック、東日本大震災という大きな困難を経験し、その都度対応を行ってきた。ようやく景気が回復してきたかに思われた今、労働力人口の減少と人口の三大都市圏、なかでも東京への一極集中によって「地方消滅」という自治体の存続そのものに関わる大きな課題に直面している。政府は「働き方改革」を進めるとともに、「まち・ひと・しごと創生本部」を設け、その対策に取り組み、地方自治体には「地方版総合戦略」をつくることが求められている。

　自治体の存続可能性を脅かす要因である人口の流出については、地方の就労機会の減少、地方において魅力的な雇用機会が少ないことが要因の一つになっていると考えられる。本書では、こうした点についても検討を行った。また、本書では、地域の労働力需給の将来像を描いた章を設け、少子高齢化により人口減少過程にある日本において、国内需要の減少にいかに立ち向かい、地方創生、あるいは地域活性化を成し遂げるかという課題の対応策を検討する上での基本情報を提供しようとした。

　地域間の雇用機会の格差への対応だけではなく、人口減少に対応し、地域にひとを集め、育て、そのために安定した高い質の仕事をつくることが求められている。労働政策研究・研修機構の地域雇用研究もまた、自治体が持続可能となるような取組みは何かという点にも関心を広げている。本書が地域の次代創りに取り組まれている自治体の方々、研究者の方々のご参考になれば幸いである。

2018年3月

独立行政法人労働政策研究・研修機構

理事長　　　菅　野　和　夫

目　次

序章 地域における雇用失業状況と地域雇用政策の流れ

第1節　はじめに

　本書は、労働政策研究・研修機構が第3期中期計画（2012年度から2016年度）に実施した「我が国を取り巻く経済・社会環境の変化に応じた雇用・労働のあり方についての調査研究」サブテーマ「労働力需給構造の変化と雇用・労働プロジェクト」を中心に、地域雇用に関する調査研究活動の成果を取りまとめたものである。

　あらためて言うまでもなく、地域の社会経済状況に違いがあれば雇用や失業の状況もその要因も異なる。雇用や失業の要因が異なれば求められる政策的対応も異なると考えられる。また、政策の位置づけについても、失業率が高いあるいは有効求人倍率が低い自治体では雇用問題の位置づけが高いと考えられるし、政策的緊急度も高いことが予想される。しかし、失業率や有効求人倍率の数値が同じ自治体であっても、何らかの雇用対策が講じられているところとそうでないところがあるとするならば、それを分ける要因は何なのかという疑問が浮かび上がる。

　雇用政策の主体が国から地域へと移っていく中、それぞれの地域固有の社会経済的な環境のもと、自治体による雇用創出の取組みの現状そして今後の課題を確認したい、というのが労働政策研究・研修機構における地域雇用に関する調査研究を開始する際の問題関心の1つであった。自治体が主体的に雇用政策を実施することが期待される中、自治体において雇用創出に取り組むことができない理由は何か。個々の自治体では雇用問題に対応出来ないとすれば、隣接する複数の自治体で連携したり、都道府県と市町村とが連携したりすることによって対応が可能なのか。そもそも地域の雇用問題を解決する有効な政策とは何なのか。さらに、国はどのような役割を果たすべきなのか。それまでの地域雇用の調査研究では、都道府県レベルの雇用失業情勢の

要因に注目することが多かったが、これにポリシーメーカーとしての自治体に注目して調査研究を行ったことが１つの特徴であった。

　労働政策研究・研修機構が地域雇用に関する調査研究に取り組んだ期間を振り返ると、日本経済、地域経済はリーマン・ショック、東日本大震災という大きな困難を経験し、その都度対応を行ってきた。ようやく景気が回復してきたかに思われた今、労働力人口の減少と人口の三大都市圏なかでも東京への一極集中によって「地方消滅」という自治体の存続そのものに関わる大きな課題に直面している。これまでの地域間の雇用機会の格差への対応だけではなく、人口減少に対応し、地域にひとを集め、育て、そのために安定した高い質の仕事をつくることが求められている。労働政策研究・研修機構の地域雇用研究もまた、自治体が持続可能となるような取組みは何かという点にも関心を広げている。

　こうした中、2012年度から2016年度までに行った調査研究の総括として、本書をとりまとめることにした。その序論に当たる本章の構成は以下の通りである。第２節において、雇用の地域間格差について、完全失業率、有効求人倍率などの指標を観察する。第３節では、地域雇用政策の歴史的な経緯を概観する。それを踏まえて、第４節では、地域雇用政策に関する調査研究を概観する。第５節では、本書のもとになった労働政策研究・研修機構の研究成果を簡単に紹介し、各章の構成を簡単に述べる。

第２節　近年の雇用の地域間格差

　地域間の雇用機会や所得の格差がどのように変化したかということは、地域雇用政策について考える上で主要な関心事の一つであろう[1]。戦後の日本経済についていえば、所得の地域間格差は縮小傾向で推移していることがこれまでの研究で確認されている。一方、農村から都市への人口の移動によって都市圏への人口集中と地方圏の過疎という状態を生み出している。地域における雇用政策は、公共投資や製造業企業の誘致が中心的役割を担ってきた。

1　これまでの研究成果として、例えば、勇上（2010）を参照。

バブル崩壊後の 20 年ほどの期間を見ると、地域間の失業率の格差はいったん縮小したものの、その後再び拡大しつつあるとの指摘もある。

この節では、雇用の地域間格差について統計的事実を観察することにしたい。

1 人口

まず、人口の変化を確認する。図表序-1 は 2010 年から 2015 年の都道府県別人口の変化率である。この図を見ると、変化率の平均は-2.0％で、この期間にほとんどの自治体の人口が減少している。変化率がプラスだったのは、埼玉県、千葉県、東京都、神奈川県、愛知県、滋賀県、福岡県、沖縄県である。

図表序-1　都道府県別人口の変化率（単位：％、2010 年〜 2015 年）

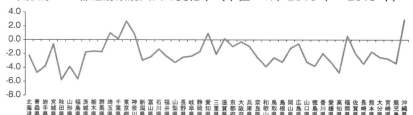

資料出所：総務省「国勢調査」により作成。

図表は省略するが、これを市町村別に計算すると、人口の変化率の平均は-4.5％で、変化率がプラスの自治体の数はおよそ 300 で、他の約 1400 の自治体では人口の変化率がマイナスであった。

2 事業所数

次に、事業所数を見る。図表序-2 は 2009 年から 2014 年の都道府県別事業所数の変化率である。この図を見ると、変化率の平均は-6.3％で、この期間にすべての都道府県で事業所数の変化率がマイナスとなっている。福島県、青森県、秋田県、和歌山県、山梨県では変化率が-8％を超えているが、福島県は東日本大震災の影響と思われる。

図表は省略するが、これを市町村別に計算すると、事業所数の変化率の平

均は-7.2％で、変化率がプラスの自治体の数はおよそ120で、他の約1600の自治体では事業所数の変化率がマイナスであった。変化率がマイナスだった自治体のうち、東日本大震災の被災地域の自治体ではその値の絶対値が大きい。

図表序-2　都道府県別事業所数の変化率（単位：％、2009年～2014年）

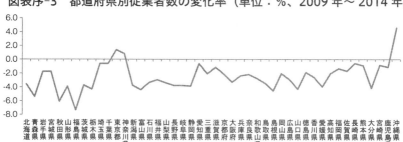

資料出所：総務省「経済センサス」により作成。

3　従業員数

　図表序-3は2009年から2014年の都道府県別従業者数の変化率である。この図を見ると、変化率の平均は-2.5％で、この期間に従業者数の変化率がプラスだったのは、東京都、神奈川県、沖縄県の3つで、特に沖縄県の変化率が大きい。一方、他の自治体はすべて変化率がマイナスで、特に、福島県、秋田県、青森県の変化率が大きい。ここでも福島県は東日本大震災の影響であると考えられる。

　これを市町村別に計算すると、従業員数の変化率の平均は-3.0％で、変化

図表序-3　都道府県別従業者数の変化率（単位：％、2009年～2014年）

資料出所：総務省「経済センサス」により作成。

率がプラスの自治体の数はおよそ 460 で、他のおよそ 1300 の自治体では従業員数の変化率がマイナスであった。変化率がマイナスだった自治体のうち、やはり東日本大震災の被災地域の自治体ではその値の絶対値が大きい。

4 完全失業率

　都道府県別の完全失業率の変化を見ることにする。ここでは、労働力調査のモデル推計による都道府県別完全失業率の変化を見ていくことにする。図表序-4 は、横軸に 2011 年の完全失業率を、縦軸に 2015 年の完全失業率をとり、都道府県別の完全失業率を描いたものである。2011 年と 2015 年の完全失業率が同じならば図の 45 度線上に点が描かれる。もし 2011 年より 2015 年の完全失業率が高ければ、45 度線より左上に点が描かれ、2011 年より 2015 年の完全失業率が低ければ、45 度線より右下に点が描かれる。

　すべての点が 45 度線の右下の領域に描かれているので、都道府県の完全失業率はこの期間に低下していることがわかる。2011 年には東日本大震災が発生し、そのため、厳密な比較はできないが、参考までに完全失業率の改善が大きかったのは、青森県、岩手県、宮城県、福島県の被災地域、福岡県、

図表序-4　都道府県別完全失業率の変化（単位：%、横軸 2011 年、縦軸 2015 年）

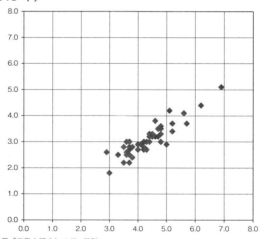

資料出所：総務省統計局「労働力調査」モデル推計。

佐賀県、宮崎県、沖縄県である。一方、完全失業率の低下が小さかったのは、富山県、福井県、静岡県、大阪府、広島県、山口県、香川県、高知県である。完全失業率の低下幅には同じ雇用情勢が悪い地域である沖縄県と高知県でも差があることは興味深い。また、富山県、福井県のように雇用情勢が比較的良好な地域では完全失業率の低下幅が相対的に小さい。

　図表序-5 は、参考として市町村別の完全失業率の変化を見たものである。資料は総務省「平成 22 年国勢調査」および「平成 27 年国勢調査」である。横軸は 2010 年の完全失業率、縦軸は 2015 年の完全失業率である。図の見方は図表序-1 と同じである。市町村レベルで見ると、この期間に完全失業率が低下した自治体が多く、平均 2.3 ポイント改善している。完全失業率が上昇した自治体はわずかである。完全失業率が上昇した市町村の多くは、島嶼部、山間の自治体である。

　データが異なっているので単純な比較はできないが、都道府県レベルで見ると雇用情勢は改善しているように見えるが、市町村レベルで見ると雇用情勢が悪化している自治体もある。

図表序-5　市町村別完全失業率の変化（単位：%、横軸 2010 年、縦軸 2015 年）

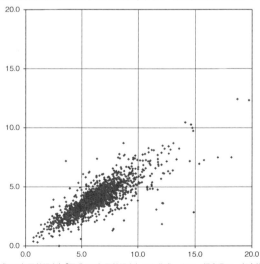

資料出所：総務省「平成 22 年国勢調査」「平成 27 年国勢調査」から作成。なお、福島県の一部自治体を除いてある。

5 **有効求人倍率**

　次に、有効求人倍率に注目する。地域の労働需給の逼迫度を表す有効求人倍率の地域間格差は、長期的には縮小傾向で推移しているが、2000年以降の期間においては拡大傾向であることが指摘されている（勇上前掲書）。では、最近もこうした傾向が続いているのであろうか。ここでは都道府県レベルと市町村レベルの有効求人倍率の格差を見ていくことにする。

　まず、この5年間で有効求人倍率がどう変化したのかを確認する。図表序-6は、横軸に2011年の有効求人倍率を、縦軸に2015年の有効求人倍率をそれぞれとり、この5年間に有効求人倍率がどのように変化したのかを描いたものである。2011年と2015年の有効求人倍率が同じであるならば、右上がりの45度線上に点が描かれる。2011年より2015年の有効求人倍率が低ければ、45度線の右下に点が描かれる。2011年より2015年の有効求人倍率が高ければ、45度線の左上に点が描かれる。

　この図を見ると、すべての点が45度線の左上の領域に描かれており、すべての都道府県で有効求人倍率が改善していることがわかる。

図表序-6図　都道府県別有効求人倍率の変化（単位：倍、縦軸は2015年、横軸は2011年の数値）

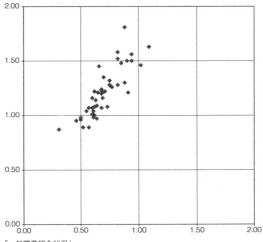

資料出所：厚生労働省「一般職業紹介状況」

12

　図表序-7 は、同じ期間の市町村別の有効求人倍率について散布図を描いたものである。この図を見ると、ほとんどの点が 45 度線の左上の領域に描かれており、市町村レベルで見ても有効求人倍率が改善していることがわかる。なお、2011 年には東日本大震災が発生したため、復興需要などの影響で一部の市町村の有効求人倍率は非常に高くなっている。

　次に、図表序-8 は、2011 年の有効求人倍率が上位 10％の市町村と下位 10％市町村を抽出し、2015 年には有効求人倍率がどのように変化したのかを見たものである。当然のことながら、どちらの市町村も 45 度線の左上の領域に点が描かれており、有効求人倍率が高くなっていることがわかる。図の左側に描かれている市町村のグループ（2011 年に有効求人倍率が下位 10％の市町村）は、2011 年の有効求人倍率の平均が 0.39 倍から 2015 年には 0.77 倍に上昇したのに対して、図の右側に描かれている市町村のグループ（2011 年に有効求人倍率が上位 10％の市町村）は、2011 年の有効求人倍率の平均は 1.14 倍から 2015 年には 1.64 倍へと上昇している。

図表序-7 図　市町村別有効求人倍率の変化（単位：倍、縦軸は 2015 年、横軸は 2011 年の数値）

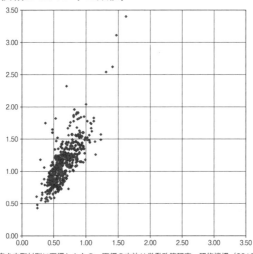

注：管区別有効求人倍率を市町村別に再編したもの。再編の方法は労働政策研究・研修機構（2010）を参照。

図表序-8　2011年の有効求人倍率上位10％、下位10％の市町村別有効求人倍率の変化
（単位：倍、縦軸は2015年、横軸は2011年の数値）

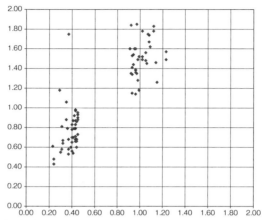

注：管区別有効求人倍率を市町村別に再編したもの。再編の方法は労働政策研究・研修機構（2010）を参照。

第3節　地域雇用政策の流れ[2]

　この節では、地域雇用政策の流れを概観する。第1章以降では近年の地域雇用政策に焦点を当てて議論するが、その基本となる考え方がかなり前にさかのぼることができることは意外に知られていない。そこで、やや迂遠ではあるが、1940年代以降から近年までの地域を対象とする雇用政策の流れをたどることにしたい。

1 戦前から戦後復興期の取組み

　地域を対象とする雇用政策は、第一次大戦の復員兵の失業対策、関東大震災の復興、農村部における冬期失業対策として職業紹介、帰農政策、公共事業が実施されていた。

　第二次大戦後、失業者急増に対応するために戦後復興土木事業が実施された。法制度についても、「労働関係調整法」（1946年）に続き、1947年には「職

2　以下は、高梨（1993、1995、2003、2004）、濱口（2011）を参考にした。

業安定法」、「労働基準法」、「労働者災害補償保険法」、「失業保険法」などが策定された。

　1948年からの景気後退への対策として、1949年に「緊急失業対策法」が制定・施行され、国、地方自治体による失業対策事業が実施されることとなった。この際、公共職業安定所を通じて就職支援が行われた。戦後復興期の雇用・失業対策は、政府直営方式による雇用創出策が中心となっていた。

2 高度成長期から石油危機までの取組み

　1950年代に入ると経済成長が始動し、工業生産も拡大し、雇用機会が増えることによって、雇用機会の課題は、成長産業への労働力需給調整や労働力不足への対応へと変化していった。「経済自立5ヵ年計画」（1955年）では完全雇用の達成が目標とされ、地方の労働力供給過剰地域から都市部の労働力供給不足地域への労働力移動が進められた。1955年には特別失業対策事業が、1956年に臨時就労対策事業が、特定地域対策として、1958年には「駐留軍関係離職者等臨時措置法」により公共事業等の対策を行なうことが求められた。1959年には「炭鉱離職者臨時措置法」が制定され、炭鉱離職者緊急就労対策事業が政府直営方式による失業対策事業として行われた。

　1960年に職業安定法が一部改正され、広域職業紹介事業が広く行なわれ、需給調整の方法として地域間の労働力移動が利用されるようになる。

　1963年には職業安定法、緊急失業対策法の一部が改正された。これにより、中高年齢者、身体障がい者等に対して、職業指導、職業紹介、公共職業訓練、職場適応訓練等の就職促進に向けた取り組みが行われることになった。

　1960年代の雇用政策は、広域的な労働力需給調整を行うという点が特徴となっている。

　1966年に制定された「雇用対策法」は、雇用政策全体を扱い、雇用対策基本計画の策定、労働力需給調整、職業訓練等などについて触れられている。「第一次雇用対策基本計画」（1967年）では、積極的労働市場政策の方向性が示され、広域職業紹介や職業訓練による労働力確保、産業・地域間の不均衡の是正が目指された。1971年には「中高年齢者等の雇用の促進に関する特別措置法」が定められ、失業対策事業への新たな失業者の流入を認めない

方針が示された。

「農村工業導入促進法」（1971 年）や「工業再配置促進法」（1972 年）により地方への工場立地が進み、地方の産業構造は製造業のウエイトが増すことになる。

1973 年に発生した第一次石油危機は、鉄鋼や造船等から自動車や電機等へと産業構造の変化を加速し、構造不況業種からの失業者が増加した。

3 石油危機からバブル期までの取組み

1974 年には失業保険法が、「雇用保険法」に全部改正され、失業給付に加え、失業の予防、雇用機会の増大、労働者の能力開発等のための積極的施策が保険事業として行われることになった。これに基づき 1975 年には雇用維持を目的として、雇用調整給付金制度が作られた。また、雇用保険特別会計によって中高年齢者や身体障がい者の雇用促進、構造不況業種や特定地域の雇用維持、雇用開発が行われることになった。

1978 年には「特定不況地域中小企業対策臨時措置法」による事業者支援にあわせて、「特定不況地域離職者臨時措置法」による労働者支援が施行され、特定不況地域の離職者に対する職業訓練、雇用保険の延長、雇用安定賃金制度などについての特例がつくられた。また、同年の「新雇用政策大綱」によって雇用開発事業がつくられ、民間の活力を活用した雇用機会の開発を雇用政策の中心とし、政府は民間資本の雇用創出を積極的に支援するという方針が示された。

1982 年以降、地域雇用開発促進事業によって、毎年全国 10 の地域をモデル地域として、市町村、公共職業安定所、職業訓練校、労使団体等からなる「地域雇用推進会議」を設置、地域の特性を活かした雇用対策が実施されることになった。この事業の実施地域は、1986 年度までに 60 地域に増えた。これは、地域による産業構造の違いや、雇用・失業問題が異なることによるものである。

1980 年代後半、円高不況等により雇用状況が悪化し、緊急雇用安定地域が指定され、離職者発生への対処が行われた。

1987 年には「地域雇用開発等促進法」が制定されたが、恒久法化された

ことによって雇用政策が地域の政策課題となった。また、地域を、①雇用開発促進地域（多数の求職者が居住し、雇用機会が相当程度不足している地域）、②特定雇用開発促進地域（①のうち、産業構造の変化等に伴い雇用状況が著しく悪化している地域）、③緊急雇用安定地域（経済的事情の著しい変化により雇用状況が急速に悪化している地域）に分け、対策が示された。国は地域雇用開発の促進に必要な施策および失業の予防、再就職促進等を図るために必要な施策を講じることとされた。また、地方公共団体も必要な施策を推進するよう努めるべきとされた。

　1988年、日本経済はバブル経済に入り、全国的に雇用情勢が改善するとともに若年層を中心に、労働力不足が発生し、なかでも大都市圏に雇用機会や人材も集中し、地域間格差が進んだ。

　1991年、地域雇用開発等促進法が改正され、①雇用機会が不足している地域に対して従来の地域雇用開発のための施策を進めること、②若年者を中心とした労働力流出が問題となっている地域に対して、魅力ある地域づくりを支援することにより地域の発展を担うべき人材の確保・育成・定住を促進する総合的な施策を講じることが示されていた。

4 バブル崩壊後の不況期の取組み

　1991年にはバブルが崩壊し、円高の進展などにより、日本経済はその後長期的に景気後退を迎えることになる。製造業を中心に国内雇用が減少し、景気刺激策、金融緩和、不良債権処理への財政支援等が実施された。雇用対策としては、雇用の創出と失業なき労働移動や労働者が主体的に可能性を追求できる環境を整備することをめざし、新規事業創出に対する助成や能力開発事業が実施された。

　1995年、阪神淡路大震災が発生し、被災失業者の公共事業を通じた就労支援が行われた。また、この年、失業対策事業への就労者の滞留と事業利用者の高齢化を背景に失業対策事業が廃止された。

　1990年代後半、財政健全化のために公共事業費の削減、地方公共団体への補助金の削減、社会保障費縮小などの方針が示された。「地方分権の推進に関わる決議」（1993年）が可決され、「地方分権推進法」（1995年）が制定

されたことを背景に、1998年には、「21世紀のグランドデザイン：地域の自立の促進と美しい国土の創造」が閣議決定され、地域の自立的な地域開発事業へと目標が転換された。

その後、アジア通貨危機（1997年）の発生や景気が悪化したことにより、不良債権処理と財政出動が行われた。雇用対策として、成長産業の育成、労働力確保のための人的資源活用の取組みなどが行われた。

1998年には、「経済総合対策」の「緊急雇用開発プログラム」による雇用創出への取組みが実施され、翌年、国、地方自治体による臨時応急の雇用、就業機会の創出をはかることを目的として、地方自治体が国の交付金措置を受けて、失業者に就労機会を提供した。また、自治体の創意工夫にもとづき、民間企業やNPOに委託する形で雇用・就業機会の創出を図ることが実施要綱に定められた。

失業者の増加に対応するため、1999年に緊急地域雇用特別交付金事業が実施され、2001〜2003年にかけて地域雇用創出を目的として特別交付金事業が実施された。これは、都道府県が基金を創設し、直接雇用あるいは民間企業、NPO等に事業委託を行なうことによって雇用を生み出すものであった。

2000年に施行された「地方分権一括法」では、国が重点的に担うべき事務が示される一方で、地方公共団体の役割として地域における行政を自主的かつ総合的に広く担うことが定められた。

改正雇用対策法（2000年）により、地方公共団体が地域の実情に応じ、雇用に関する必要な施策を講じるように努めるべきこととされた。また、地域雇用開発等促進法も一部改正・改称され、地域雇用政策における自治体の関わりが拡大し、都道府県が雇用開発計画を策定し、国が同意するという方式に改められた。そのほか、それまでの3つの地域類型に労働力需給のミスマッチが発生している地域を加えて4類型とされた。

2005年、「国土形成計画法」が施行され、従来の国主導による地域開発からの転換が図られた。同年、「地域再生法」が施行され、自主的かつ自立的な取組みによる地域経済の活性化、地域における雇用機会の創出、その他の地域の活力の再生が課題とされた。そのために、省庁間で連携して政策を支

援する体制を整え、取り組むことが求められるようになった。

　雇用対策としては、「地域提案型雇用創造促進事業（旧パッケージ事業）」が実施された。これは、地域の雇用創造に自発的に取り組む地方自治体に対して地域再生計画と連動した事業の支援を目的とし、各地域協議会が雇用創出計画を策定し、国がコンテスト方式で事業を選抜し、事業費を支援するものである。

　厚生労働省の雇用政策研究会報告書（2005 年）においても、地域雇用政策に関する議論の中で、内発的な雇用創出の必要性、地域の若年者の雇用創出、外資の活用が課題としてあげられた。

　地域間の格差の拡大と首都圏への一極集中を背景に、2007 年、「地方再生戦略」がつくられた。同年、雇用対策法及び地域雇用開発促進法の一部が改正され、地域類型は 2 類型へと再編され、地域雇用については雇用情勢の特に厳しい地域（雇用開発促進地域）および雇用創造に向けた市町村等の意欲が高い地域（自発雇用創造地域）に支援を重点化する等の改正を行い、「地域雇用創造推進事業（パッケージ事業）」が実施された。地域雇用創造推進事業（パッケージ事業）は雇用拡大、人材育成、就職促進を地域内で総合的に実施するもので、「地域雇用創造実現事業（パッケージ関連事業）」と連携して、人材育成事業で育成された人材の活用を支援し、創業を支援する新たな補助事業を行う。2012 年からは「実践型地域雇用創造事業」として事業が継続されている。

5　リーマン・ショックから東日本大震災への対応

　2008 年に発生したリーマン・ショックでは、いわゆる「派遣切り」によって派遣労働者をはじめとして雇用機会を失う者が急増した。そのため、セーフティーネットとしての雇用創出を目的とする「ふるさと雇用再生特別交付金」が創設された。これは、地域の実情に応じて自治体の創意工夫に基づき地域求職者等を雇い入れる事業を実施することにより、地域の継続的な雇用機会の創出を図ることを目指している。また、緊急一時的な雇用創出や再就職支援策として「緊急雇用創出事業」が実施された。これは、失業者が次の仕事につくまでのつなぎ雇用である。さらに、成長分野として期待される分

野で新たな雇用機会を創出するために、「重点分野雇用創造事業」がつくられた。このほか、2011年に東日本大震災が発生し、被災地域支援を目的として、重点分野雇用創造事業や緊急雇用創出事業の対象分野に「震災対応分野」が追加された。

6 景気回復と「地方消滅」への対応

その後の景気回復によって地域の雇用情勢も改善に向かう。しかし、「日本が人口減少社会に突入し、2040年には896市区町村が「消滅」の危機に直面する」（増田（2014））というレポートが発表され、大きな波紋が生じた。自治体の消滅は、地方の自治体だけではなく、首都圏の自治体でも起きる可能性があることから、全国の自治体はこの大きな課題に取り組むことが求められる。「まち・ひと・しごと創生法」（2014年）が制定され、「まち・ひと・しごと創生長期ビジョン」が示されるとともに、「まち・ひと・しごと創生総合戦略」が閣議決定され、政策の方向性が示された。国の長期ビジョンおよび総合戦略を踏まえ、地方自治体でも「地方人口ビジョン」、「地方版総合戦略」を策定することが求められており、「自助の精神」を持って、自らのアイデアで、自らの未来を切り拓いていくことが求められている。

第4節　先行研究の流れ

以下では、前節と重複するところもあるが、地域雇用政策に関する先行研究の流れを簡単に見ていくことにする。また、最近の研究については後の章において言及されるであろうから、ここでは2010年頃までの研究を取り上げることにする。

日本の地域雇用政策の大きな流れは、失業対策から雇用開発・雇用創出へと移っている。地域雇用政策の考え方を大きくさかのぼると、その根底には地域間格差を縮小させ、「均衡ある発展」を目指すという考え方があった。第二次世界大戦後の日本における地域の雇用・失業対策は、①政府直営事業方式（失業対策事業など）、②広域職業紹介政策方式（職業紹介制度活用による地域間労働力配分の調整など）、③民間企業活動活用方式（雇用保険法

（1974）による解雇抑制、雇用継続、雇用創出など）の３つの方式に分類できる[3]。その後、1987年に「地域雇用開発等促進法」が制定され、地域雇用対策が体系立てられた。

　こうした地域雇用失業情勢の変化に伴って、地域の取組みにも変化が見られる。内閣府『地域の経済』の2004年版ではグローバル化への対応として、業種を問わずブランド化・差別化を図ることの重要性を指摘し、卓越した技術力と柔軟な発想力を持つ人材が不可欠であるとしている。また、単に情報提供や相談窓口の開設だけではなく、自治体が地域企業の営業に取り組んで、地域ぐるみのブランド化を図っている地域の取組み事例を紹介している。

　地域雇用政策の具体的な政策手段は企業誘致が多い。過去の白書等を見ると、内閣府（2005）では、工場誘致と自治体の補助金の効果を分析している。それによれば、補助金額の高低と工場立地件数の増加との間の関係は確認できないが、補助金設置以降に工場立地件数が増加しており、雇用への効果もあるものの全体としてはサービス業が雇用を牽引していること、さらに、コールセンターの地方進出が進んでおり、そうした場合に創出される雇用形態はパート・アルバイトが多いことを指摘している。また、内閣府（2007）では、観光、医療・福祉、製造業（モノ作り）と地域活性化との関連に焦点を当てており、工場誘致は雇用確保、税収確保、地場産業育成というメリットがある反面、撤退のリスクもあり、いかにして工場を地域に根付かせるかがポイントになると指摘している。

　一方、企業誘致以外の雇用創出の取組みとして、厚生労働省（2006）等では、雇用失業情勢の改善が遅れている地域（北海道、青森県、秋田県、高知県、長崎県、鹿児島県、沖縄県の７道県）への政策的対応として、地域の雇用創造に自主的に取り組む市町村等の取組みを促進・支援する「地域雇用創造支援事業」等の重点的実施、地方公共団体、経済界、国の地方支部局等による「地域雇用戦略会議」を開催し、市町村の連携強化、地方自治体・国の施策の有効な組合せが検討されていることが紹介されている[4]。

3　日本労働研究機構（1990）、髙梨（1993、1995、2003、2004）を参照。
4　厚生労働省（2006）29 ～ 32 ページ。

さらに、内閣府（2008）では地域経済活性化の動きを結輪力〔ゆうわ〕（地域資源の連携）、地際力（地域外への輸出の拡大と交流人口の増加）、住民力（住民・民間団体主体の公的サービス提供）という３つに類型化し、これによって地域コミュニティの衰退を防ぐことを提言している。

　地域産業政策と地域雇用政策の関わりについて目を向けると、澤井（2003a）によれば、地方分権一括法施行以前は、雇用政策は国の行政、都道府県の行政が担うものと考えられてきた。そのため、自治体とりわけ市町村では雇用をめぐる状況変化に対する問題意識も政策的関心は高くなかった[5]。すでに見たように、法制度の変更はあったものの自治体における取組みの変化は小さく、依然として産業振興策（特に企業誘致）が地域振興策の中心になっている。

　いうまでもなく、雇用は生産の派生需要に位置づけられ、地域雇用政策と地域産業政策とは密接な関係にある。地域産業政策と地域雇用政策を結びつけるものも生産要素である「労働力」すなわち人材である。地域における人材育成の重要性について、関・横山（2004）では地域の連携とともに、地域産業振興をリードする人材と地域産業の担い手としての人材の重要性が説かれている[6]。

　地域雇用政策とはなにかとの問に対して、佐口（2006）は、地域雇用政策の要件として、①地方自治体が地域雇用政策の立案・執行、その結果に対する責任を負い、主体的な役割を果たすこと、②政策理念とその手段が一貫性と体系性を持つものであること、③雇用政策としての固有の意義を有し、福祉関連施策との連携の可能性を地域雇用政策が持つことをあげている。また、佐口（2011）は、福祉課題に取り組む基盤として生活領域である地域が注目されていることから、2000年以降地域雇用政策が深化しつつあるとしている。

　さらに、澤井（2012）は、人口減少や経済の低成長、経済のグローバル化によって労働市場が多様化し、国による雇用政策だけでは対応できていない

5　澤井（2003a）では雇用をめぐる状況変化として雇用の流動化と自治体の政策的対応の関係を論じている。澤井（2003b）も参照。
6　関・横山（2004）、特に219～222ページ。

とし、地域雇用政策の有効性を指摘している。その上で、ハローワークによる一般就労でカバーできないグループに対応するために、自治体が独自の求人開拓や企業とのネットワークを活用し、生活上のリスクを含む個別支援が可能となるとしている。

　では、地域雇用政策としてどのような方法が適切なのであろうか。八幡（1991）[7]によれば、地域間格差を縮小する方法のうち、①財政政策は財政再建による制約と財政への過度の依存が地域の自助努力意欲を喪失させること、②工場誘致は地域側の都合だけで誘致が進むわけではないこと、したがって、③地域の自立的な産業化を重要視するべきで、地域の活性化を促進するための方策として内発的な地域振興を通じた地域雇用創出の重要性と多様な地域類型に合わせた政策手段が必要であると指摘している。さらに、地域雇用開発の成功要因として、①地域ビジョンの策定と効率的な地域経営の展開、②地域内循環により波及効果を最大化すること、③技術的な問題を解決するために人材開発をおこなうこと、④マーケット・ニーズに合わせた市場性のある商品を開発すること、⑤事業の採算性の確保と官民の役割分担のあり方への配慮といったことが指摘されている[8]。

　一方、これまでの地域雇用政策のあり方に対して、佐口（2004）は従来の地域雇用政策について「産業振興策に埋没する雇用開発や、対症療法としての雇用対策」となりがちであったと批判的である[9]。佐口によれば、1990年代までの国による地域における雇用政策は不況地域における雇用機会の欠如を補うことであり、産業振興と連動した雇用奨励への助成や離職者の吸収措置が主な手段で、地域の主体性が発揮されるものではなかった。2001年の改正では国が指定していた地域を都道府県が指定するようになり、指定される地域が雇用機会増大促進地域、高度技能活用雇用安定地域、能力開発就職促進地域、求職活動援助地域に再編された。しかし、結局は自治体や地域諸

7　八幡は工場の地方立地に限定して取り上げているが、サービス業、小売業の地方立地によっても雇用創出は可能である（八幡（1991））。例えば、コールセンターや大型ショッピングセンターの地方立地によって雇用創出されることを想起されたい。

8　これらの効果については労働政策研究・研修機構（2007b）も参照。

9　以下は佐口（2004）の記述による。佐口（2006）も参照のこと。

組織・住民の主体性が発揮されていなかったという。その上で、地域における雇用政策では、住民との近接性を生かしつつ、生活上の必要、求人・求職情報を収集し、住民が主体となって実施していくことが重要であるとしている。

　日本の地域雇用創出あるいは地域振興の先行調査・研究では多くのケーススタディが行われている[10]。それらは成功事例、先進的な取組みの事例である。これまでのケーススタディのポイントを整理すると、

　(1)　地域資源を活用して地域活性化を図る「地域資源活用型」の内発的な雇用創出が注目されている。

　(2)　行政関係者、企業関係者、住民などの地域関係者が利害関係者（ステークホルダー）として雇用創出や地域活性化の中心になっているところが注目されている。

　(3)　行政主導で雇用創出に取り組んでいるものと民間が主体となっている場合が多いが、民間、行政という二分法を超え、第三セクター方式やNPO が果たす役割も重要になっている。しかし、第三セクター方式の問題点も明らかにされている。

　(4)　企業、行政だけではなく地域住民まで人材育成の範囲が広がっている。

　(5)　外部人材を活用することにより、地域内で充足することができない人材ニーズを満たしている。

　(6)　地域での取組みの効果が評価されているケースは少ない。

といったことが明らかにされている[11][12]。

　地域のキーパーソン人材の重要性は多くの機会に指摘されている（樋口・ジゲール（2005）[13]、関（2005）[14]）。これまで蓄積されてきた多数の事例研究を総合すれば、地域雇用創出のキーパーソンは市長・町長、行政職員、企業経営者など、個人だけではなく、商工会議所、JA、自治体が設置した協

10　代表的なケーススタディは関満博による地域産業政策に関する一連の業績であるが、橘川・連合総合生活開発研究所編（2005）や下平尾・伊藤・柳井編著（2006）など地域雇用に焦点を当てた研究蓄積も増えている。

11　社会的共通資本の存在の効果を指摘する研究もあるが、現段階では十分整理されていないと思われるので、機会を改めて検討したい。

12　労働政策研究・研修機構（2007a）を参照。

議会、NPO などのような集団の場合もあり、きわめて多様である。しかし、全体としては、リーダーシップを持ったキーパーソンの重要性を指摘していても、抽象的、印象論的な議論にとどまっている場合が多く、キーパーソン人材の育成について具体的に言及している場合は少ない。また、人材育成の議論も行政の職員研修のあり方について論じるものが多い。

　八幡前掲論文では一歩踏み込んだ議論をしており、既存産業がないところに新たな産業を興そうとする場合には、①事業化の初期段階で起業家、プランナー、企業家などリーダーシップを発揮する人材（既存の企業の経営者・予備軍、経営幹部経験のある U ターン者、行政の首長・行政幹部など）が求められ、②事業化の方針が決まった段階でこれを技術的に具体化し、事業として展開していく人材（工場長や技術者、営業企画担当者など）に対するニーズが高まるとしている。その上で、これを担う人材を意識的に養成するために他地域、異業種、海外の企業などとの交流機会を通じて技術移転を進めることの重要性を指摘している。また、どのような経営方針を重視するかによって人材開発のニーズが異なると論じている。さらに、関西情報・産業活性化センター（2007）では、地域活性化のためのキーパーソン、キーパーソンを支える組織やネットワークのあり方と事例が紹介されている [15]。

　地方自治体が福祉から就労へとワークフェア的な方向に向かう中で、地域雇用政策が実施されている側面への注意も必要である。このような国家や地方公共団体の社会政策の枠組みの見直しは EU で先行しており、雇用政策に関しても、国や地方自治体の責任範囲、参加方法や主体に関する研究が行われている。このような国と地域の社会政策やガバナンスの変化から、地域雇用政策の意義を問う研究枠組みがみられ、長期的な高失業率と若年無業者の増加、貧困の拡大という問題を抱えるヨーロッパを中心とする西側諸国にお

13　このことは、単にリーダーシップを持ったキーパーソンがいれば雇用創出の取組みが進むということを意味しない。キーパーソンの存在は雇用創出への取組みにつながる傾向があるということを意味しているが、確実に雇用創出につながっている訳ではない。キーパーソンの存在は、地域が雇用創出策を実施していない状態から一歩踏み出すきっかけになるということである。

14　関（2005）をはじめ、地域振興に共通する論点の 1 つに（リーダー）人材の育成があげられている。

15　関西情報・産業活性化センター（2007）（http://www.esri.go.jp/jp/archive/hou/houkoku.html）を参照。

いても地方分権改革とともに地域雇用政策が進められた。

　樋口他（2005）は、国から地方への権限委譲によって地域ニーズに柔軟に対応し、地域特性を活かす雇用創出の仕組みとして地域雇用の取組みが各国で実施されていることを取り上げている。地域雇用の取組みには、地方自治体と地域内諸主体のパートナーシップによるものや、地域公共人材の育成によるものなど、多様性がある。欧州雇用戦略では、雇用と社会保障が連携し、社会連帯の実現への取り組みが行なわれており、社会的企業やNPO等の第三セクターの役割が期待されている。これらの主体が地域的なニーズをもとに就業機会を形成し、雇用を通じた社会参加の機会をつくることが注目された。

　地域資源を活用し、産業の集積、地域固有の諸要因を踏まえて地域の持続的発展を目指すという視点から、関満博の一連の地域経営に関わる研究では、地域産業の創出のあり方としてものづくりや農商工連携、第6次産業といった地域産業振興の取り組みに見られる、地域が中心となった創意工夫の取組みが評価されている。伊藤他（2008）もまた、地方自治体による産業誘致や人材育成の取組みを調査し、地域主体が関わる意義を明らかにしている。

　地方自治体による地域雇用創出の取組みに関する研究として、労働政策研究・研修機構（2005）、（2009）、（2010）などがある。労働政策研究・研修機構（2005）は自治体を対象としたヒアリング調査から、事業の経路依存や民間や地域資源の活用という特徴と専門職員不在が課題となっていることを指摘している。また、労働政策研究・研修機構（2009）では、都道府県および市町村を対象にアンケート調査を実施し、地域雇用政策に取り組む上で、「雇用創出に取り組むための財源が不足している」「雇用創出を担当する職員が不足している」「雇用創出のノウハウがわからない」といった課題があることを明らかにしている。さらに、労働政策研究・研修機構（2010）でも都道府県及び市町村へのアンケート調査を行い、財源やノウハウの不足等の課題があり、政策形成経験の有無が自治体の対応力に差を生むことを指摘している。

　また、多数の事例調査が実施されているが、地域が抱える課題への近接性や継続的な取組み経験を有する自治体の方が、地域を主体とする雇用政策や

就労支援の有効性が高いこと、そして、地域で活動する地方公共団体、住民、NPO 等の利害関係者が地域雇用政策に関与することによって、現実的な対応が可能となることが指摘されている。

第5節　労働政策研究・研修機構における調査研究活動と第3期中期計画期間の成果と本書の構成

　労働政策研究・研修機構では、各調査研究テーマについて5年間の中期計画期間で調査研究活動を行っている。

　第3期中期計画期間（2012 年度から 2016 年度）では「我が国を取り巻く経済・社会環境の変化に応じた雇用・労働のあり方についての調査研究」サブテーマ「労働力需給構造の変化と雇用・労働プロジェクト」の1つとして地域雇用に関する調査研究活動を実施してきた。第3期においては、第1期中期計画（2002 年度から 2006 年度）、第2期（2007 年度から 2011 年度）に続き、都道府県および市町村の雇用創出への取組みの状況を把握するためにアンケート調査および聞き取り調査を実施した。また、労働需要サイドについては、地域において戦略的産業に位置づけられることが多い製造業に焦点を当ててアンケート調査や聞き取り調査を実施し、労働供給サイドについては、地域間労働移動（UIJ ターン）にも焦点を当て Web アンケート調査を実施した。

　第3期中期計画期間の研究成果とその概要を年代順に紹介する。

① 調査シリーズ No.118『雇用創出基金事業の政策効果の検証』（2014 年5 月）

　リーマン・ショック後の緊急的な雇用対策のための事業として雇用創出基金事業が創設されたが、雇用情勢が変化していく中で、雇用創出基金事業に期待される役割も変化している。今後のあるべき雇用創出基金事業の形を探るとともに、緊急時に再び雇用創出基金事業を実施する場合のガイドラインを整備することを目的として、これまでの雇用創出基金事業について検証するために、都道府県、市町村を対象にアンケート調査を実施した。また、事

業を受託した事業所、事業による雇用者に対してもアンケート調査を実施し、その集計結果をとりまとめた。

② 資料シリーズ No.151『地域における雇用機会と就業行動』（2015年5月）

わが国全体でみると景気回復傾向が鮮明になりつつある今日でも、その水準には地域差が残る。こうした中、2014年12月に「まち・ひと・しごと創生総合戦略」が策定されるなど、地方創生が政府全体の重点課題となっている。そこでは、地域からの若年者流出とそれに伴う地域の衰退が問題視され、若年者の地元定着や大都市圏からの UIJ ターン促進が重要な論点になっている。そして、若年者の定着・還流のためにも、地方に質の高い雇用機会を創ることが求められており、地域雇用政策の重要性はいっそう高まっているといえる。本研究では、計量分析とヒアリング調査を通じて、地域の雇用機会や若年者定着に関する実態を把握するとともに、雇用創出や就労支援の取組みについて、地域人口の構成や変動の視点も交えて考察を行った。

③ 調査シリーズ No.152『UIJ ターンの促進・支援と地方の活性化——若年期の地域移動に関する調査結果——』

近年、地方からの若年者流出とそれに伴う地域の衰退が問題視され、大都市圏からの UIJ ターン促進・支援と地方の活性化が重要な政策課題になっている。そして、若年者の地方定着・還流のためにも、地方に質の高い雇用機会を創ることが求められている。

本研究では、若年期の地域移動（地方出身者の出身地からの転出とUターン、大都市出身者の地方移住）の実態把握と行政支援ニーズの所在・中身を明らかにする目的で個人アンケート調査を行うとともに、地域の実態把握を目的とするヒアリング調査を行った結果をまとめた。

④ 資料シリーズ No.188『地方における雇用創出——人材還流の可能性をさぐる——』

雇用情勢の改善傾向が続き、産業界では人手不足の状態が顕在化しているが、その背景には少子高齢化の進行等による人口減少傾向もあり、とりわけ

地方では若者を中心とした人材流出が続くこともあり人材確保の困難が深刻化している。こうした中、国・自治体双方において、「まち・ひと・しごと創生総合戦略」策定など、若者の地元定着や UIJ ターン促進、地域の雇用創出が推進されている。人材流出を食い止め、地域経済の悪循環を回避するために、地方において良質な雇用機会を創出することが急務である。

　本研究では、上記③で実施したアンケート調査の詳細分析を行い、若年期の地域移動の背景や地方への人材還流の可能性を検討するとともに、地域雇用創出や UIJ ターン促進の取組みについてヒアリング調査を行ったものである。

　以上に加え、本書では、プロジェクト研究「我が国を取り巻く経済・社会環境の変化に応じた雇用・労働のあり方についての調査研究」サブテーマ「労働力需給推計に関する研究」の成果から、地域雇用との関わりを考え、以下の研究も取り上げることにした。

⑤　資料シリーズ No.166『労働力需給の推計──新たな全国推計（2015 年版）を踏まえた都道府県別試算──』

　本研究は、経済構造、労働力需要・供給構造の変化に関する分析の基礎資料として、労働力需給に関するシミュレーション結果を提供することを目的として実施したもので、国立社会保障・人口問題研究所「日本の将来推計人口」（2012 年 1 月推計）と政府の「「日本再興戦略」改訂 2015」（2015 年 6月 30 日閣議決定）の成果目標を踏まえ、将来の全国の性・年齢階級別労働力人口及び就業者数、並びに産業別就業者数について、「経済再生・労働参加進展シナリオ」と「ゼロ成長・労働参加現状シナリオ」にわけて計量経済モデルによるシミュレーションを実施し、さらに、全国のシミュレーション結果を踏まえ、都道府県別労働力人口及び就業者数の試算を行った結果をとりまとめたものである。

　本書は以上の成果に基づいてとりまとめたものである。
　本書の構成は次の通りである（図表序-9）。本書は 3 つの内容に分けられる。

第1章では、上記の成果①に基づいて、リーマン・ショック後に実施された雇用創出基金事業に焦点を当て、その効果の検証を整理した。

第2章から第4章の3つの章では、不況からの回復期から好況期の地域の雇用政策の取組みについて、上記の成果②、③、④を基に記述した。また、人の地域間移動の要因についても記述した。

第5章では、上記の成果⑤をもとに将来の都道府県の労働市場の姿を展望した。

終章では各章を整理し、今後の研究課題を整理した。

図表序-9　本書の構成

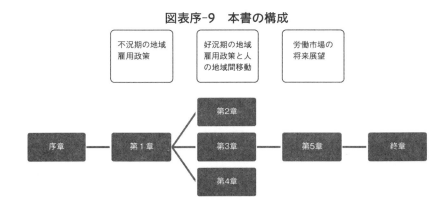

【参考文献】

伊藤実・金明中・清水希容子・永久寿夫・西澤正樹（2008）『地域における雇用創造』雇用問題研究会

大竹文雄（2003）「日本の構造的失業対策」『日本労働研究雑誌』45巻7号

関西情報・産業活性化センター（2007）『地域の人材形成と地域再生に関する調査研究』

橘川武郎・連合総合生活開発研究所編（2005）『地域からの経済再生』有斐閣

厚生労働省（2006）『平成18年労働経済白書』

佐口和郎（2004）「地域雇用政策とは何か」神野直彦・森田朗・大西隆・植田和弘・刈谷剛彦・大沢真理編『自立した地域経済のデザイン』有斐閣

―――（2006）「地域雇用政策の展開と課題」『地域政策研究』第34号

―――（2009）「雇用制度の生活維持機能」『社会福祉研究』

―――（2011）「日本における地域雇用政策の進化と現状」『社会政策』2巻3号

佐口和郎編著（2010）『事例に学ぶ地域雇用再生』ぎょうせい

澤井勝（2003a）「職業安定法改正と自治体の雇用労働政策」『自治体学研究』第87号

―――（2003b）「自治体の雇用労働政策の新展開」『ガバナンス』第31号

―――（2012）「自治体の地域雇用政策の現状と課題」『ガバナンス』140号

下平尾勲・伊藤維年・柳井雅也編著（2006）『地域産業の再生と雇用・人材』日本評論社

菅野和夫（2004）『新・雇用社会の法単行本』有斐閣

関満博（2002）『現場主義の知的生産法』筑摩書房

―― (2005)『現場主義の人材育成法』筑摩書房
―― (2016)『地域産業の「現場」を行く』新評論
―― (2017)『「地方創生」時代の中小都市の挑戦』新評論
関満博・横山照康 (2004)『地方小都市の産業振興戦略』新評論
髙梨昌 (1993)『これからの雇用政策の基調』日本労働研究機構
―― (1995)『改訂版新たな雇用政策の展開』労務行政研究所
―― (2003)『雇用・能力開発の政策形成――ディアローグ編――』証言資料シリーズ　雇用政策関係 No.1
―― (2004)『雇用・能力開発の政策形成――資料編――』証言資料シリーズ　雇用政策関係 No.2
―― (2010)『証言　雇用・能力開発の政策形成』エイデル研究所
内閣府『地域の経済』各年版
日本労働研究機構 (1990)『構造調整と地域雇用の展望』日本労働研究機構
仁田道夫 (2000)「日本の雇用政策」加瀬和俊・田端博邦編『失業問題の政治と経済』日本経済評論社
濱口桂一郎 (2011)「労働法の立法学――公的雇用創出事業の 80 年――」『季刊労働法』233 号
樋口美雄・Ｓジゲール・労働政策研究・研修機構編 (2005)『地域の雇用戦略』日本経済新聞社
増田寛也編著 (2014)『地方消滅』中央公論新社
八幡成美 (1991)「地域雇用開発に関わる諸問題」『日本労働研究雑誌』No.377
勇上和史 (2010)「賃金・雇用の地域間格差」樋口美雄編集『労働市場と所得分配』慶應義塾大学出版会
労働政策研究・研修機構 (2005)『就業を通じた地域活性化の取組み』労働政策研究・研修機構調査シリーズ No.8
―― (2007a)『市町村における雇用問題への対応』労働政策研究報告書 No.93
―― (2007b)『地域雇用創出の新潮流』プロジェクト研究シリーズ No.1
―― (2009)『地方自治体における雇用創出への取組みに関する調査』労働政策研究・研修機構調査シリーズ No.60
―― (2010)『市町村における地域雇用戦略と雇用創出の取組み』労働政策研究報告書 No.119

第1章 不況時の公共における地域雇用創出 ——基金事業の効果の検証——

第1節　はじめに

　基金による雇用創出事業は、2008年度に「ふるさと雇用再生特別基金事業」が、また緊急対策として「緊急雇用創出事業」が、それぞれ創設された。翌年には「重点分野雇用創出事業」が創設された。

　これらの基金事業が創設されたのは、「地域の雇用失業情勢が厳しい中で、離職した失業者等の雇用機会を創出するため、各都道府県に基金を造成し、各都道府県及び市区町村において、地域の実情や創意工夫に基づき、雇用の受け皿を創り出す事業を行っていく」[1]ことが理由となっている。

　2008年に発生したリーマン・ショックは日本の労働市場にも大きな影響を与えた。2009年、2010年の完全失業率は5.1％まで上昇し、2009年の有効求人倍率は0.79倍へと低下した。これに加えて、2011年3月に発生した東日本大震災によって、岩手県、宮城県、福島県をはじめ全国に影響が及んだ。その結果、完全失業率が悪化した。リーマン・ショック後の雇用状況の悪化に対して、雇用調整助成金の一時的拡充などが行われたが、それとともに、新たな雇用機会を創出することも重要な課題となった。

　雇用創出基金による事業のうち、「ふるさと雇用再生特別基金事業」と「緊急雇用創出事業」は、2011年度に終了している。「ふるさと雇用再生特別基金事業」では、約20,000事業を実施し、約90,000人の雇用を創出した。また、「緊急雇用創出事業」では、約63,000事業を実施し、約550,000人の雇用を創出した。さらに、「重点分野雇用創出事業」では、約46,000事業を行い、約415,000人の雇用を創出している（図表1-1）。雇用創出基金による事業は、

1　厚生労働省のホームページ、雇用創出の基金による事業に関する記述による
(http://www.mhlw.go.jp/stf/seisakunitsuite/bunya/koyou_roudou/koyou/chiiki-koyou/chiiki-koyou3/index.html)。

自治体が主体となって行う、各地域の実情に即した雇用対策であるから、その政策効果の把握は、政策評価だけではなく、将来の政策を行う参考としても重要だと思われる。

　本章で取りあげるのは、ふるさと雇用再生特別基金事業・緊急雇用事業・重点分野雇用創出事業および地域人材育成事業の各事業を行った自治体の事業から10%を抽出して2013年に実施したアンケート調査で得たデータである。以下では、雇用創出基金事業の3つの事業のうち、一時的な雇用機会を創出する緊急雇用創出事業以外のふるさと雇用再生特別基金事業と重点分野雇用創出事業および地域人材育成事業を中心に取り上げる。なお、「震災等緊急雇用対応事業」、「雇用復興推進事業」は対査から除外した。

第2節　自治体が実施した雇用創出基金事業の概略

1　雇用創出基金事業数および雇用創出人数

　まず、都道府県、市町村の基金事業担当者に対して基金事業全体についてたずねた結果を見ていくことにしよう。

　図表1-2は、アンケートに回答した自治体が実施した「ふるさと雇用再生特別基金事業」「重点分野雇用創出事業・地域人材育成事業」の計画した事業数、計画した雇用人数、雇用創出の実績人数である。参考として「緊急雇用創出事業」の結果も付けておく。

　計画した雇用創出人数と雇用創出の実績人数の関係を見ると、ともに雇用創出の実績人数が計画した雇用創出人数を上回っている。なお、緊急雇用創出事業では、他の事業に比べて雇用創出の実績人数が計画した雇用創出人数を大きく上回っているが、これは、緊急雇用創出事業によって創出された雇用が6か月・更新1回で最長1年までという事業の内容に関係していると思われる。

図表1-1 雇用創出基金事業の比較

事業名	ふるさと雇用再生特別基金事業	緊急雇用創出事業	重点分野雇用創造事業 重点分野雇用創出事業	重点分野雇用創造事業 地域人材育成事業	震災等緊急雇用対応事業	雇用復興推進事業 事業復興型雇用創出事業	雇用復興推進事業 生涯現役・全員参加・世代継承型雇用創出事業 被災地において、被災者の安定的な雇用機会の創出で、雇用面から事業所創出へ支援
趣旨	地域の実情や創意工夫に基づき、地域の求職者等の継続的な雇用機会を創出	離職を余儀なくされた非正規労働者等の一時的な雇用機会を創出	介護、医療等成長が期待される分野で新たな雇用機会を創出	地域の企業等で、雇用しながら研修を行い、人材を育成	震災の影響による失業者等の雇用機会を創出	将来的に被災地の雇用創出の中核となることが期待される事業	若者・女性・高齢者・障害者が活躍できる事業
事業規模	2,500億円（特別会計） （20年度2次補正）	4,500億円（一般会計） '20年度2次補正 1,500億 '21年度1次補正 3,000億	'21年度2次補正 1,500億円 22年度予備費 1,000億円 22年度本予算 1,000億円		7,510億円（一般会計） '23年度1次補正 500億円 '23年度3次補正 2,000億円	23年度3次補正 1,510億円	
実施主体	都道府県にふるさと雇用再生特別基金を造成。地方公共団体から民間企業、NPO等に委託	都道府県に緊急雇用創出事業臨時特例基金を造成。地方公共団体が委託又は地方公共団体が直接実施	都道府県に造成した緊急雇用創出事業臨時特例基金に積み増し		地方公共団体が委託又は地方公共団体からNPO等に委託、地方公共団体が直接実施	地方公共団体が雇用入れに係る経費を助成	地方公共団体から民間企業、NPO等に委託
対象分野	限定なし	限定なし	介護、医療、観光、農林、環境・エネルギー、教育の4分野、都道府県が設定する4分野		限定なし	期間の定めのない雇用等	産業政策の観点から支援を受ける事業
雇用期間	1年以上 （23年度まで更新可）	原則6ヶ月以内。更新1回 （実質1年以内、被災者は複数回更新可）	1年以内		1年以内 （一部対応は複数回更新可）	1年以上 （27年度まで更新可）	
主な実施要件	事業費に占める新規に雇用された失業者の人件費割合は1／2以上	事業費に占める新規に雇用された失業者の人件費割合は1／2以上	事業費に占める新規に雇用された失業者の人件費以外の事業の内、人件費、研修費等の割合は3／5以上		事業費に占める新規に雇用された失業者の人件費割合は1／2以上	産業政策の観点から支援を受ける事業	事業費に占める新規に雇用された被災者の人件費割合は1／2以上
実施期間	平成23年度まで	平成23年度まで	平成24年度まで		平成24年度（一部は平成25年度）まで	平成27年度まで （平成24年度までに開始した事業を3年支援）	
実績	20年度 72人 21年度 24,429人 22年度 31,692人 23年度 29,847人	20年度 4,552人 21年度 187,678人 22年度 190,027人 23年度 141,778人	21年度 497人 22年度 80,148人 23年度 105,942人		被災3県（計画）46,131人 被災3県（実績）43,802人 （平成24年6月末時点）		

資料出所：厚生労働省資料（2013年）（www.cas.go.jp/jp/seisaku/kyouginoba/2012/dai1/siryou3.pdf）。

図表 1-2　基金事業の実施状況

事業	項目	N	平均	中央値	標準偏差	最小値	最大値
ふるさと雇用再生特別基金事業	計画した事業数	724	19.1	6.0	65.6	0	782
	計画した雇用創出人数（人）	701	84.6	18.0	284.6	0	2,465
	雇用創出の実績人数（人）	721	90.5	20.0	302.6	0	2,713
重点分野雇用創出事業、地域人材育成事業	計画した事業数	786	34.6	9.0	133.0	0	1,874
	計画した雇用創出人数（人）	761	288.4	32.0	1184.6	0	11,752
	雇用創出の実績人数（人）	783	312.5	35.0	1272.7	0	13,719
※参考 緊急雇用創出事業	計画した事業数	875	60.9	25.0	196.4	1	2,509
	計画した雇用創出人数（人）	844	440.0	122.5	1623.2	1	23,387
	雇用創出の実績人数（人）	869	516.5	135.0	2053.1	1	29,544

2 雇用創出基金事業の企画・立案、事業の実施、事業効果

　事業の企画・立案、事業の実施、事業による効果の概略を見よう。事業の企画・立案に関連する項目については、「委託先の募集に対して十分な数の事業者が応募した」[2]、「事業計画を企業や住民などに説明し、理解、協力が得られた」は、肯定的な回答の比率が低い（図表1-3）。ただし、これらの項目は否定的な回答の比率が高いわけではなく、「どちらともいえない」と

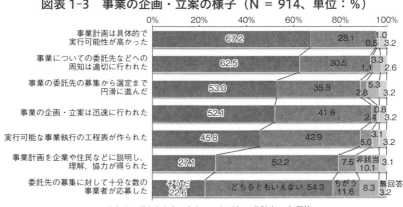

図表 1-3　事業の企画・立案の様子（N = 914、単位：%）

いう回答の比率が高い。

　事業の実施に関連する質問への回答結果を見ると、「中間段階で事業の会計の監査を行った」、「事業による求人に多くの求職者からの応募があった」は、肯定的な回答の比率が低い（図表 1-4）。

　事業の効果についての質問への回答結果を見ると、「基金事業終了後、事業継続しているものが多い」、「企業誘致や観光客の増加などにつながった」、「事業によって雇用された人の事業終了後の雇用につながった」などでは、肯定的な回答比率が低い。事業の効果に関する項目の多くで「どちらともいえない」という回答の比率が高い（図表 1-5）。

図表 1-4　事業の実施について（N = 914、単位：%）

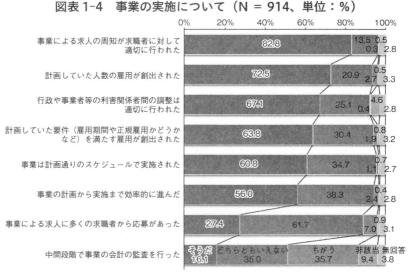

図表 1-5　事業の効果について（N = 914、単位：%）

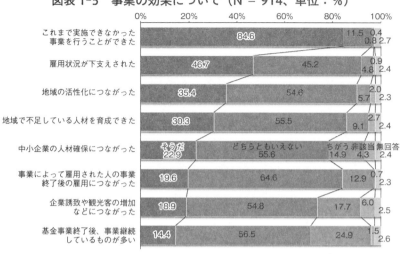

■そうだ　■どちらともいえない　■ちがう　■非該当　■無回答

3　基金事業についての評価の実施状況

　雇用創出基金事業の評価を「事前評価」「中間評価」「事後評価」「評価結果の事業への反映」「事業評価結果の情報公開」に分け、それぞれの実施状況を見ていくことにする（図表 1-6）。

図表 1-6　基金事業の評価の実施状況（N = 914、単位：%）

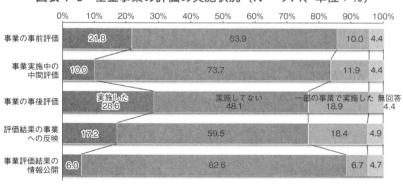

■実施した　■実施してない　■一部の事業で実施した　■無回答

各段階とも評価が行われていないことが多く、また、事業への反映も行われていないことが多いことがわかる。この点が基金事業を行う上での課題の1つと考えられる。

4 基金事業を実施するにあたり苦労した点と成否の理由

　基金事業を実施するにあたり、苦労した点としては、「事業の委託先として適当な企業やNPOが地域にない（少ない）」が最も多く、以下、「基金事業を担当する職員が少なく、事業の管理が難しかった」、「地域の産業が限られているなど、事業のメニューが限られた」などの回答の比率が高い（図表1-7）[3]。

　基金事業の成功の理由に関する評価を、基金事業の事業別に集計してみた（図表1-8）。図を見ると、事業によって回答傾向が異なっている[4]。「ふるさと雇用再生特別基金事業」（図左）では、「事業によって雇用された方の多

図表1-7　基金事業を実施するにあたり苦労した点（多重回答、N＝914、単位：%）

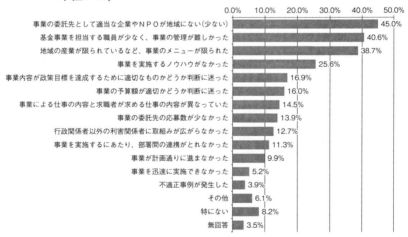

3　「その他」の具体的な内容を分類すると、「応募の期間が短い」などスケジュールに関すること、「応募者が少ない事業があった」、「実施の仕方の変更指示への対応」、「要件を満たす事業者が少ない」、「複数の制度があるため実施にあたり戸惑うことがあった」等のほか、会計・経理・事務・事業の管理などに関わる記述が比較的多かった。

図表 1-8　最も成功したと考える理由（多重回答、単位：%）

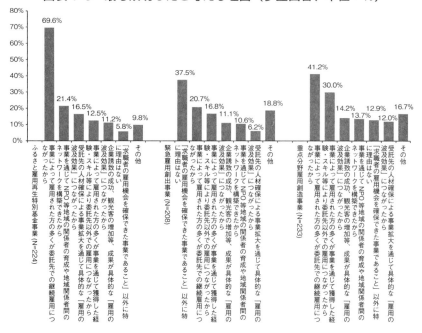

くが委託先での継続雇用につながったから」が最も多い。「重点分野雇用創造事業」（図右）では、「事業によって雇用された方の多くが委託先での継続雇用につながったから」が最も多い。参考として「緊急雇用創出事業」（図中央）を見ると、「「求職者の雇用機会を確保できた事業であること」以外に特に理由はない」が最も多い。

　反対に自治体が失敗したと考える事業は、「緊急雇用創出事業」（無回答を除いた回答）、「重点分野雇用創出事業」、「ふるさと雇用再生特別基金事業」であった。

　その理由について事業の区分別に集計した（図表 1-9）[5]。「ふるさと雇用

4　事業によって目的が異なるので、単純に事業間の効果の比較をすることはできない。たとえば、緊急雇用創出事業の目的は一時的な雇用機会を創出することであり、継続雇用につなげることではない。以上から、回答結果を解釈する際には注意が必要である。

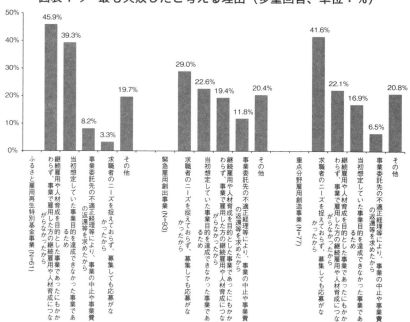

図表1-9　最も失敗したと考える理由（多重回答、単位：%）

再生特別基金事業」（図左）については、「事業で雇用された方の多くが委託先での継続雇用につながらなかったから」、「当初想定していた事業目的が達成できなかった事業であるため」という回答の比率が高い。「重点分野雇用創造事業」（図右）では、「求職者のニーズを捉えておらず、募集しても応募がなかったから」の回答比率が高い。参考として「緊急雇用創出事業」（図中央）については、「求職者のニーズを捉えておらず、募集しても応募がなかったから」、「当初想定していた事業目的が達成できなかった事業であるため」などが多い。

5　既に記述したように、各事業の目的が異なるので、失敗したと考える理由についても、解釈に注意が必要である。

5　全体的に見た雇用創出基金事業の効果

　今回実施した雇用創出基金事業全体としての評価は、「良い」と「どちらかといえば良い」を合わせると、7割近くが肯定的に評価している。

　では、なぜそのように評価しているのか（図表1-10）[6]。「良い」または「どちらかといえば良い」と回答した理由を見ると、「地域の実情に即した取組みが可能であるから」が最も多く、以下、「「求職者の雇用機会を確保できた事業であること」以外に特に理由はない」、「事業によって雇用された方の多くが事業を通じて獲得した経験・スキル等により委託先以外での雇用につながったから」、「事業によって雇用された方の多くが委託先での継続雇用につ

図表1-10　基金事業の効果を「良い」「どちらかといえば良い」と理由（多重回答、N = 626、単位：%）

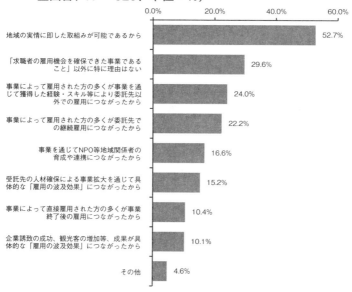

6　「その他」の具体的な内容として、「事業実績を基に同内容事業が市単独事業として採用された」、「事業によって地域の活性化・利便性向上に繋がった」、「有資格者の養成等、人材育成につながった」、「東日本大震災の被災者、避難者の雇用につながった」、「事業により鳥獣被害に対応できた」、「特産品など商品の開発」、「雇用の確保につながった」等の記述があった。

図表 1-11　基金事業の効果を「悪い」「どちらかといえば悪い」と理由（多重回答、N = 31、単位：%）

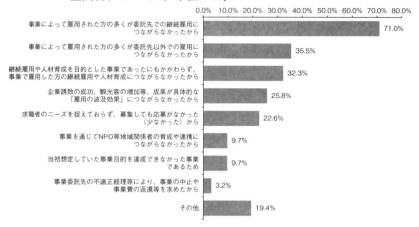

ながったから」などとなっている。

　一方、「悪い」「どちらかといえば悪い」と回答したケースは少なかったが、その理由は、「事業によって雇用された方の多くが委託先での継続雇用につながらなかったから」、「事業によって雇用された方の多くが委託先以外での雇用につながらなかったから」、「継続雇用や人材育成を目的とした事業であったにもかかわらず、事業で雇用した方の継続雇用や人材育成につながらなかったから」などとなっている（図表 1-11）[7]。

6　基金事業の効果に対する評価

　これまでは基金事業の効果と関連すると思われる諸要因について検討してきた。では、基金事業の効果と基金事業の評価との関係はどうなのか。基金

7　「その他」の具体的な内容として、「委託先との連絡・書類のやりとり、委託業者との共通理解の不足」、「雇用実績が計画を下回ったこと」、「雇用者の中途退職、継続雇用につながらなかったこと」、「事業の廃止」、「事業の中止」、「委託先事業所の倒産（廃業）」、「委託先がなかったこと」、「応募者がなかった（少なかった）」、「（高齢者の応募が多いなど）応募者の属性に偏りがあったこと」、「基金事業終了後の事業継続ができなかったこと」、「事務・経理・事業実施上の不備や不正」、「成果物の質に問題があったこと」、「東日本大震災や原発事故による影響や風評被害の影響」といった記述があった。

図表 1-12　基金事業の効果に対する評価のスコア平均値

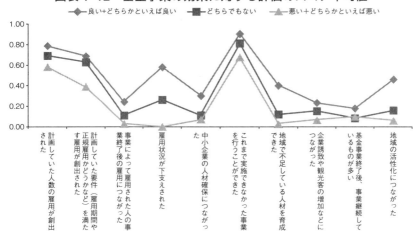

事業の効果に対する評価をスコアに換算し、検討してみる。具体的には、基金事業の効果に対する評価が「良い」と「どちらかといえば良い」を合わせて①「良い」、②「どちらでもない」、「どちらかといえば悪い」と「悪い」を合わせて③「悪い」の３つにグループ分けし、事業による効果に関する項目の回答が「そうだ」であれば1、「そうだ以外」であれば0とスコア換算した。

　図表 1-12 は、それぞれのグループの項目ごとのスコア平均値をプロットしたものである。基金事業の成果を「良い」と評価したグループは、事業の効果に関する各項目のスコアが相対的に高い。それに対して、「悪い」と評価したグループは、事業の効果に関する各項目のスコアが相対的に低い。中でも「雇用状況が下支えされた」「計画していた要件を満たす雇用が創出された」「地域で不足している人材を育成できた」「地域の活性化につながった」等の項目でグループ間の違いが比較的大きいことがわかる。

　以上、基金事業について総括的な状況を見てきた。以下、ふるさと雇用再生特別基金事業と重点分野雇用創出事業について各自治体の事業担当者に対するアンケート調査の結果を見ていく。

第3節　ふるさと雇用再生特別基金事業

1 事業分野 [8]

　図表1-13はふるさと雇用再生特別基金事業の事業分野である。「産業振興」、「観光」、「農林漁業」などが多いことがわかる。

2 事業費および雇用創出人数

　図表1-14は、ふるさと雇用再生特別基金事業の事業費および雇用創出人数に関する記述統計である。事業費の合計は129億2,771万2千円、平均は

図表1-13　ふるさと雇用再生特別基金事業の事業分野（N = 417、単位：%）

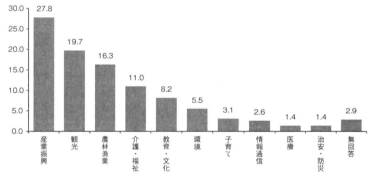

図表1-14　ふるさと雇用再生特別基金事業の事業費および雇用創出人数

	N	最小値	最大値	平均値	標準偏差
この事業の事業費決算額（千円）	413	545	1,336,290	31,302.0	77206.6
雇用計画人数（人）	410	1	443	8.3	27.6
最終年度雇用実績人数（人）	410	1	443	8.0	30.1
継続雇用者数（人）	382	0	108	2.6	7.9
継続雇用者のうち正規雇用者数（人）	343	0	41	1.3	3.4

（注）都道府県と市町村を合わせた数値である。

8　ふるさと雇用再生特別基金事業全体の概要については、図表1-1を参照のこと。

約 3,130 万円である。また、最終年度の雇用実績の平均は 8.0 人、継続雇用者数の平均は 2.6 人、このうち正規雇用者数の平均は 1.3 人となっている。なお、最終年度雇用実績人数／雇用計画人数の平均は 101.2 ％（中央値 100.0、標準偏差 36.5）、継続雇用者数／最終年度雇用実績人数の平均は 73.9 ％（中央値 100.0、標準偏差 31.0）、正規雇用者数／継続雇用者数の平均は 57.0 ％（中央値 100.0、標準偏差 47.1）である。

3　事業の企画・実施の仕方、委託先の決め方

　ふるさと雇用再生特別基金事業では、事業を企業や NPO などに委託することで進められるが、事業の企画や事業の実施はどのように行われたのかたずねた。図表 1-15 はその結果である。「事業内容の企画は自治体が行い、事業の実施だけを随意契約にした」が圧倒的に多いことがわかる。

　事業を委託する際、その選定基準のうち特に重視したことでは、「事業の実施体制が整備されていること」が最も多く、以下、「事業計画の実行可能性が高いこと」、「事業の趣旨・目的が理解されていること」、「事業計画の内容が地域の課題やニーズに合っていること」などとなっている（図表 1-16）[9]。

図表 1-15　ふるさと雇用再生特別基金事業の企画・実施の仕方（多重回答、N ＝ 415、単位：％）

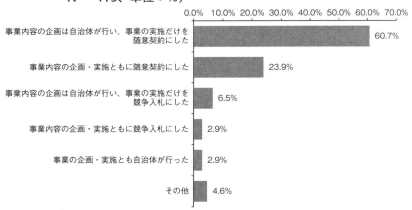

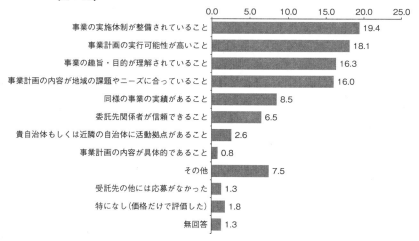

図 1-16　委託先の選定の際、特に重視したもの（多重回答、N＝387、単位：%）

事業の実施体制が整備されていること	19.4
事業計画の実行可能性が高いこと	18.1
事業の趣旨・目的が理解されていること	16.3
事業計画の内容が地域の課題やニーズに合っていること	16.0
同様の事業の実績があること	8.5
委託先関係者が信頼できること	6.5
貴自治体もしくは近隣の自治体に活動拠点があること	2.6
事業計画の内容が具体的であること	0.8
その他	7.5
受託先の他には応募がなかった	1.3
特になし(価格だけで評価した)	1.8
無回答	1.3

4　事業の実施に関すること

①事業評価の実施状況

　図表 1-17 は事業評価の実施状況である。「事業の事後評価」、「評価結果の事業への反映」は実施比率が高いのに対して、事前評価や中間評価の実施比率は低いことがわかる。

②適正な事業執行のための取組み

　適正に事業を執行するために、自治体ではどのような取組みを実施したのか。集計結果を見ると「実施主体や担当部門にヒアリングを実施し、事業計画の進捗状況、経費状況、帳簿などを点検した」、「事前に目的、目標、達成手段、各手段の目標達成への寄与などを明確にするようにした」という 2 つ

9　「その他」の具体的な内容としては、「事業と委託先の活動内容が一致していること」「事業内容の適切さ、事業内容に関する専門的知識・ノウハウ、能力を有していること」「資格要件を満たすこと」「第 3 セクターであったこと」「人材養成の視点が示されていること」「委託先より企画提案」「事業を実施できる委託者を選定」「関係者とのネットワークを有すること」「基金事業終了後の継続可能性」「他に委託先がなかった」等の記述があった。

の比率が高い（図表 1-18）[10]。

③事業終了後の事業継続

　ふるさと雇用再生特別基金事業では、事業終了後も事業を継続して実施す

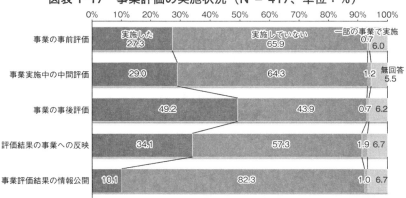

図表 1-17　事業評価の実施状況（N ＝ 417、単位：%）

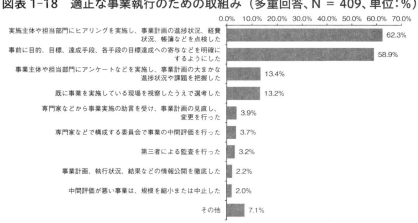

図表 1-18　適正な事業執行のための取組み（多重回答、N ＝ 409、単位：%）

10　「その他」の具体的な内容として、委託先との定期的な連絡や打ち合わせ、進捗状況の報告が
　　多かった。

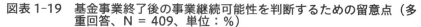

図表 1-19　基金事業終了後の事業継続可能性を判断するための留意点（多重回答、N = 409、単位：%）

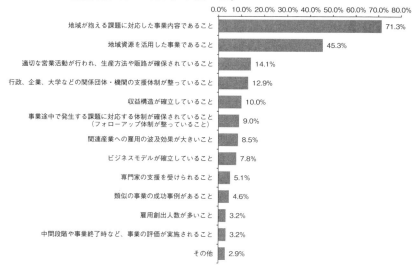

ることが期待される。事業継続が可能であるかどうかを判断するために留意した点をたずねた。その結果、「地域が抱える課題に対応した事業内容であること」、「地域資源を活用した事業であること」の2つの比率が高かった（図表1-19）。

5　事業の評価、課題とそれに対する取組み[11]と苦労した点

　ふるさと雇用再生特別基金事業を実施した自治体の8割がこの事業による成果を「良い」または「どちらかといえば良い」と評価している。では、そのように評価する理由は何か（図表1-20）。

　集計結果を見ると、「地域の実情に即した取組みが可能であるから」が最も多く、以下、「事業によって雇用された方の多くが、委託先での継続雇用につながったから」が目立つ。

　一方、ふるさと雇用再生特別基金事業を実施するにあたり、自治体が苦労

11　事業の目的・趣旨との関連から、事業の評価についての回答結果を解釈する際は注意を要する。

図表 1-20　事業の成果を「良い」「どちらかといえば良い」と評価した理由（多重回答、N = 335、単位：%）

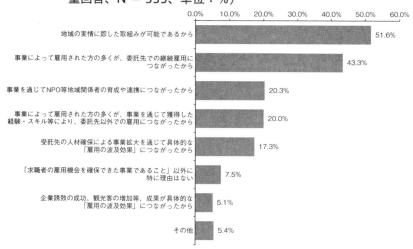

した点を見ると、「基金事業を担当する職員が少なく、事業の管理が難しかった」の回答比率が最も高く、以下、「事業の委託先として適当な企業やNPOが地域にない（少ない）」などとなっている（図表 1-21）。

6　今後必要と思われる取組み

　今後、ふるさと雇用再生特別基金事業を再び実施する際、適切に対応するためにどのような取組みが必要かたずねた（図表 1-22）。

　その結果、「他の自治体での取組み事例を参考にして、自分の自治体で活用できる事業の情報を蓄積する」が最も多く、以下、「事業についての評価を実施する」、「事業の進捗状況を随時点検し、析出された課題に対応する」、「地域の企業や関係組織に事業への協力を依頼する」、「委託先に対して調査や監査を実施し、適正な事業執行に努める」などとなっている。

図表1-21 事業を実施するにあたり苦労した点（多重回答、N＝409、単位：%）

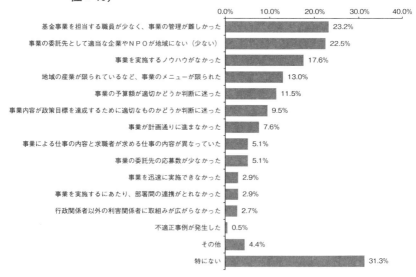

基金事業を担当する職員が少なく、事業の管理が難しかった	23.2%
事業の委託先として適当な企業やNPOが地域にない（少ない）	22.5%
事業を実施するノウハウがなかった	17.6%
地域の産業が限られているなど、事業のメニューが限られた	13.0%
事業の予算額が適切かどうか判断に迷った	11.5%
事業内容が政策目標を達成するために適切なものかどうか判断に迷った	9.5%
事業が計画通りに進まなかった	7.6%
事業による仕事の内容と求職者が求める仕事の内容が異なっていた	5.1%
事業の委託先の応募数が少なかった	5.1%
事業を迅速に実施できなかった	2.9%
事業を実施するにあたり、部署間の連携がとれなかった	2.9%
行政関係者以外の利害関係者に取組みが広がらなかった	2.7%
不適正事例が発生した	0.5%
その他	4.4%
特にない	31.3%

図表1-22 今後事業を実施する際に必要な取組み（多重回答、N＝393、単位：%）

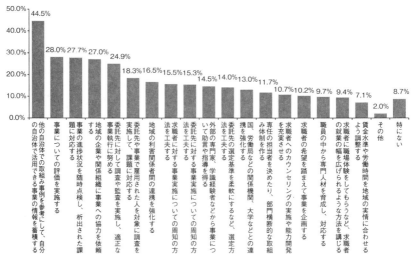

他の自治体での取組み事例を参考にして、自分の自治体で活用できる事業の情報を蓄積する	44.5%
事業についての評価を実施する	28.0%
事業の進捗状況を随時点検し、析出された課題に対応する	27.7%
地域の企業や関係組織に事業への協力を依頼する	27.0%
委託先に対して調査や監査を実施し、適正な事業執行に努める	24.9%
委託先や事業で雇用された人を対象に調査を工夫する	18.3%
地域の利害関係者間の連携を強化する	16.5%
求職者に対する事業実施についての周知の方法を工夫する	15.5%
委託先に対する事業実施についての周知の方法を工夫する	15.3%
国、労働局などとの連携を強化する	14.5%
委託先の選定基準を柔軟にするなど、選定方法を工夫する	14.0%
専任の担当者を決めたり、部門横断的な取組み体制を作る	13.0%
外部の専門家、学識経験者などから事業について助言や指導を得る	11.7%
求職者へのカウンセリングの実施や能力開発を充実させる	10.7%
求職者の希望を踏まえて事業を企画する	10.2%
職員の中から専門人材を育成し、対応する	9.7%
求職者に職場体験をしてもらうなど、求職者の就業の幅を広げられるような方法を講じる	9.4%
賃金水準や労働時間を地域の実情に合わせるよう調整する	7.1%
その他	2.0%
特にない	8.7%

第4節　重点分野雇用創出事業および地域人材育成事業 [12]

1　事業内容および事業分野

　重点分野雇用創出事業および地域人材育成事業の事業内容を見ると、「行政需要に係る事業」が最も多く、「地域の産業政策、地域活性化に資する事業」などが続いている（図表 1-23）。

　また、事業分野は、「観光」、「農林水産」、「地域社会雇用」、「教育・研究」などが多い（図表 1-24）。

2　重点分野雇用創出事業・地域人材育成事業の事業費および雇用創出人数

　図表 1-25 は、重点分野雇用創出事業および地域人材育成事業の事業費と雇用創出人数の記述統計である。

　事業費の合計は 931 億 7,686 万円、平均は 3,895 万円、雇用計画人数の平均は 21.3 人、雇用実績人数の平均は 23.1 人、継続雇用者数の平均は 4.6 人、うち正規雇用者数の平均は 2.9 人となっている。

　これらの数値から、雇用実績人数／雇用計画人数の比率を求めると、平均

図表 1-23　重点分野雇用創出事業および地域人材育成事業の内容（複数回答、N = 2,400、単位：%）基金事業の実施状況

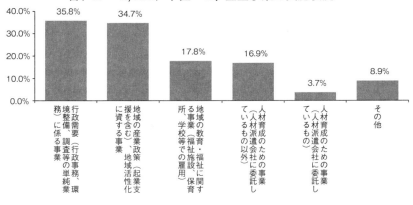

12　事業の概要については、図表 1-1 を参照。

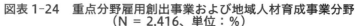

図表 1-24　重点分野雇用創出事業および地域人材育成事業分野
（N = 2,416、単位：%）

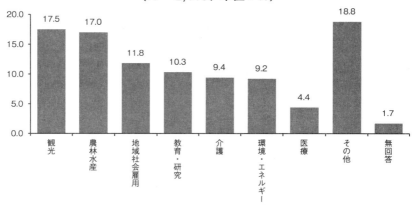

図表 1-25　重点分野雇用創出事業・地域人材育成事業の事業費および雇用
創出人数の記述統計

	N	最小値	最大値	平均値	標準偏差
事業費決算額（千円）	2,392	22	8,709,676	38,953.5	314943.6
雇用計画人数（人）	2,368	0	8,930	21.3	236.0
雇用実績人数（人）	2,360	0	7,785	23.1	223.0
継続雇用者数（人）	2,027	0	511	4.6	22.3
継続雇用者のうち正規雇用者数（人）	1,737	0	382	2.9	18.3

118.9％（中央値 100.0、標準偏差 276.5）、継続雇用者人数／雇用実績人数の
比率の平均は 30.0％（中央値 0.0、標準偏差 38.5）、正規雇用者人数／継続雇
用者人数の比率の平均は 51.7％（中央値 56.0、標準偏差 46.1）であった。

3　事業の委託先の決め方

　自治体では、重点分野雇用創出事業および地域人材育成事業の企画・実施
をどのような仕方で行ったのであろうか（図表 1-26）。

　回答結果を見ると、「事業内容の企画は自治体が行い、事業の実施だけを
随意契約にした」が多い。[13]

　また、事業の委託先を決める際、特に重視したことを見ると、「事業の実
施体制が整備されていること」、「事業計画の実行可能性が高いこと」などと
なっている（図表 1-27）。

図表 1-26　事業の企画・実施の仕方（多重回答、N = 2,377、単位：%）

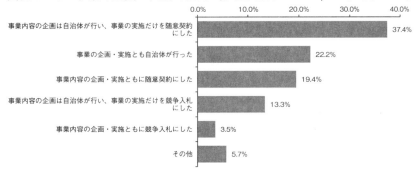

事業内容の企画は自治体が行い、事業の実施だけを随意契約にした	37.4%
事業の企画・実施とも自治体が行った	22.2%
事業内容の企画・実施ともに随意契約にした	19.4%
事業内容の企画は自治体が行い、事業の実施だけを競争入札にした	13.3%
事業内容の企画・実施ともに競争入札にした	3.5%
その他	5.7%

図表 1-27　委託先を選ぶ際の価格以外の評価基準で特に重視したもの（N = 1,741、単位：%）

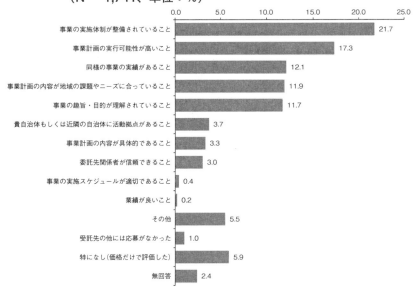

事業の実施体制が整備されていること	21.7
事業計画の実行可能性が高いこと	17.3
同様の事業の実績があること	12.1
事業計画の内容が地域の課題やニーズに合っていること	11.9
事業の趣旨・目的が理解されていること	11.7
貴自治体もしくは近隣の自治体に活動拠点があること	3.7
事業計画の内容が具体的であること	3.3
委託先関係者が信頼できること	3.0
事業の実施スケジュールが適切であること	0.4
業績が良いこと	0.2
その他	5.5
受託先の他には応募がなかった	1.0
特になし（価格だけで評価した）	5.9
無回答	2.4

13 「その他」の具体的な内容として、「プロポーザル方式」が多かったほか、「事業に関する要件を満たしていること」、「入札参加の資格要件を満たしていること」、「事業終了後の継続雇用や正規雇用につながること」、「他に委託先要件を満たす事業者がない」、「既存の事業に関連する事業であったため」、「事業に関係するネットワークを有すること」、「専門的な知識や事業実施のためのノウハウを有すること」等の記述があった。

　重点分野雇用創出事業および地域人材育成事業を実施した自治体における事業評価の実施比率が高いものは、「事業の事後評価」、「評価結果の事業への反映」、「事業の事前評価」などとなっている（図表1-28）。

　次に、自治体では、適正に事業を執行するためにどのような取組みを行ったのであろうか（図表1-29）。この図を見ると、「事前に目的、目標、達成手段、各手段の目標達成への寄与などを明確にするようにした」が最も多く、これに「実施主体や担当部門にヒアリングを実施し、事業計画の進捗状況、経費状況、帳簿などを点検した」が続いている。[14]

　重点分野雇用創出事業および地域人材育成事業を実施した自治体では、事

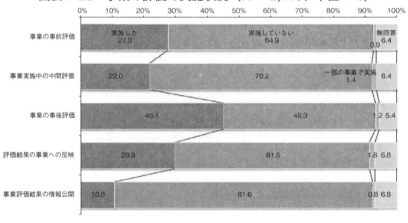

図表 1-28　事業の評価の実施状況（N = 2,416、単位：%）

14　「その他」の具体的な内容として、「定期的な連絡、事業の進捗の確認」、「会議（打ち合わせ）の開催」、「事業評価シートの作成、事務事業評価を実施」、「事業現場の調査」、「就労者へアンケート調査の実施」、「実施主体にヒアリングを実施、賃金台帳、出勤簿、領収証などの証拠書類の点検」、「関係書類の提出、検査による現場確認」、「専門家などで構成する委員会で事前に事業の目的、実現性、社会性などを評価」、「事業のなかで、HP の見直し、ブログの開設を行い、取組みについて情報公開」などの記述があった。

図表 1-29　適正に事業を実施するための取組み（多重回答、N = 2,245、単位：%）

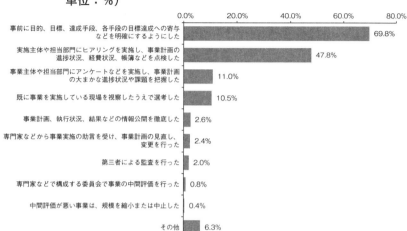

図表 1-30　事業の成果を「良い」または「どちらかといえば良い」と評価する理由（多重回答、N = 1,168、単位：%）

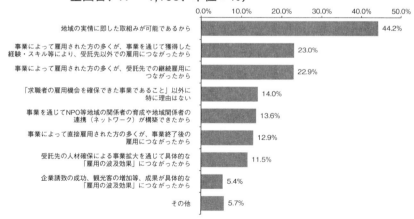

業の効果を「良い」、「どちらかといえば良い」を合わせて８割近くが肯定的に評価している（N = 2,416）。

　では、そのように評価する理由は何なのか（図表1-30）。この図を見ると、「地域の実情に即した取組みが可能であるから」、「事業によって雇用された方の多くが、事業を通じて獲得した経験・スキル等により、受託先以外での

雇用につながったから」、「事業によって雇用された方の多くが、受託先での継続雇用につながったから」などが多い[16]。

一方、重点分野雇用創出事業および地域人材育成事業の成果を「悪い」「どちらかといえば悪い」と回答したのは46ケースと少なかった。そのように評価した理由を見ると、「事業によって雇用された方の多くが、受託先での継続雇用につながらなかったから」が22ケース、「事業によって直接雇用された方の多くが、事業終了後の雇用につながらなかったから」が15ケースなどとなっている。

6 重点分野雇用創出事業および地域人材育成事業を実施する上で苦労した点

今回の重点分野雇用創出事業および地域人材育成事業を実施するにあたり、自治体ではどのような点に苦労したのであろうか（図表1-31）。

図を見ると、「基金事業を担当する職員が少なく、事業の管理が難しかった」、「事業の委託先として適当な企業やNPOが地域にない（少ない）」、「事業を実施するノウハウがなかった」、「地域の産業が限られているなど、事業のメニューが限られていた」、「事業の予算額が適切かどうか判断に迷った」などとなっている[17]。しかし、4割近くは「特にない」と回答している。

---

16 「その他」の具体的な内容として、「事業目的の達成」、「人材確保につながったこと」、「パソコンスキルの向上を図れたから」、「（人材育成の為の講座、合同会社説明会の実施による）雇用創出」、「失業者に対して次の雇用までの短期の雇用・就業機会の提供」、「雇用機会の確保、観光施設で実施したことによる、地域の活性化」、「障害者の雇用機会の提供」、「外国出願補助金を開始する根拠となった」、「未就職卒業者が正社員として就職することができた」、「幅広く広報活動を実施できた」、「地域住民等を対象とした講習会等を開催、受講希望者のニーズにこたえるとともに、防災意識の向上に資することができたため」、「基金事業終了後も継続した事業の実施につながった」、「就農につながった」、「事業に関連する企業間の情報の共有化や企業間ネットワークの構築」、「事業により支援を受けた農業者・農業法人では販売拡大や経営改善の効果が見られ、県の普及指導員のスキルアップが図られた」、「事業によって雇用されたうちの一定数が委託先での雇用につながった」、「市民ニーズに応えた保育環境の整備」、「看護師が再就職に向け勉強の機会が得ることが出来た。継続雇用につながった」、「新規の事業が単独事業として継続された」、「起業につながった」などの記述があった。

図表 1-31　事業を実施するに当たり苦労した点
（多重回答、N = 2,333、単位：%）

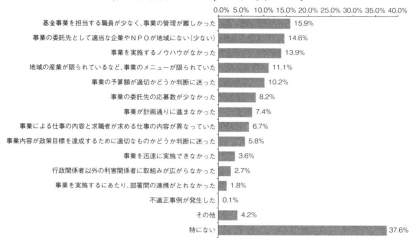

17　事業実施にあたり苦労した点の「その他」の具体的な内容として、事業全体に関することとして、「事業内容面で成果を求めるのか、雇用面で成果を求めるのかのバランス」、「雇用等に関する事項の条件が厳しくなり使いにくい」、「事業内容は行政ニーズであり、民間ニーズとのマッチングが難しい」、「農業という季節性のある産業では事業量が限られ、本事業終了後も育成した人材を継続雇用して活動を継続するまでには至らなかった」、「事業が一時的なものであるため、地元への説明に苦慮した」などの記述があった。

　　また、事業のスケジュールに関することとして、「短期間に多くの募集、面接をしなければならなかった」、「事業実施当初、予算内示後の求人で良好な人材確保、必要とする時期（4月入学時〜）からの人材確保が困難だった」、「重点分野の拡大により、事業の採択を受けて予算確保を行うことになったため雇用開始が3月となったが、期間が短かったため、初年度は雇用がほとんど出来なかった」、「準備期間が短かったため、運営スタッフの確保、被災者への周知が不足してしまった」等の記述があった。

　　事業の実施の仕方に関する記述として、「要件が厳しく入札を辞退した業者があった」、「介護分野への応募が思ったより少なかった」、「委託先の事業実施に係る書類の作成の点検・指導」、「事業実施による事務量の増大」、「雇用した人の途中退職」、「求めるスキルを有した人材（即戦力）が地方には少なく、人材確保が難しい」、「事業に対するクレーム対応」などの記述があった。

　　さらに、事業の委託先に関することとして、「委託事業者に提案どおりの事業を執行する能力、ノウハウが欠けていた」、「指名業者によっては、新規雇用できる状況にない」、「事業所が受託したくても、応募する人がなく諦めたというケースがある」の記述があった。

　　そして、求職者に関することとして、「期間限定雇用なので、雇用者のモチベーションがあがらなかった」、「期限付であるため、後半は応募が減少」、「若年求職者への周知が困難であった」、「応募者が少なかったため、数回募集を行った」、「途中で離職されたが方があり、人の調整に困った」、「基金事業による雇用実績の有無の確認が困難」等の記述があった。

　自治体では今回の重点分野雇用創出事業および地域人材育成事業を実施する際に生じた課題に対してどのような取組みをとったのであろうか（図表1-32）。

　回答結果を見ると、「事業の進捗状況を随時点検し、析出された課題に対応する」、「地域の企業や関係組織に事業への協力を依頼する」、「委託先に対して調査や監査を実施し、適正な事業執行に努める」、「他の自治体での取組み事例を参考にして、貴自治体で活用できる事業の情報を蓄積する」などの取組みが多い。

　また、今後同じ事業を再び実施する場合、適切に対応するために必要な取組みを見ると、「他の自治体での取組み事例を参考にして、自分の自治体で活用できる事業の情報を蓄積する」、「事業についての評価を実施する」、「事業の進捗状況を随時点検し、析出された課題に対応する」、「求職者に対する

図表1-32　今回、重点分野雇用創出事業・地域人材育成事業を実施する際に行った取組み（多重回答、N = 2,209、単位：%）

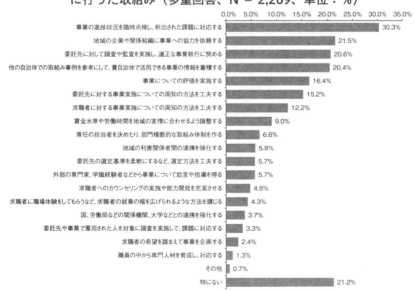

図表1-33　再び基金事業を実施する場合に必要な取組み（多重回答、N＝2,225、単位：%）

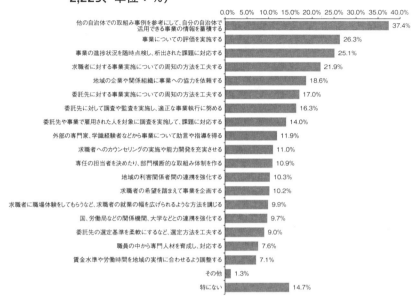

事業実施についての周知の方法を工夫する」などの回答が多い（図表1-33）[18]。

第5節　まとめ

以上から得られる雇用創出基金事業に対する評価、問題点、およびそれらへの対応策を整理すると、以下のようになろう。

地方自治体では、雇用創出基金事業の効果として、これまで実施できなかった事業を行うことが出来た点を高く評価している。雇用創出基金事業の中で

18　今回の取組みと今後必要な取組みの差を求めると、「他の自治体での取組み事例を参考にして、貴自治体で活用できる事業の情報を蓄積する」、「委託先や事業で雇用された人を対象に調査を実施して、課題に対応する」、「事業についての評価を実施する」、「求職者に対する事業実施についての周知の方法を工夫する」、「求職者の希望を踏まえて事業を企画する」が今回の取組みより多いのが目立つ。

も、ふるさと雇用再生特別基金事業については、事業によって雇用された方の多くが委託先での継続雇用につながった点が評価されている。また、地域の実情に則した取組みが可能な点も評価されている。

　一方、そもそも、地域において雇用創出基金事業の受け皿となる企業やNPO がない、もしくは、少ないという地方自治体の意見も多かった。これと関連して、基金事業を実施した地方自治体の状況として、地元にある企業・事業所の規模が小さいという点も指摘されている。こうした点から、雇用の場を提供する受け皿の企業や NPO の育成と雇用の拡大を同時に進められるような制度設計が求められよう。

　地方自治体が事業を消極的に評価している場合、継続雇用につながらなかった点を問題としてあげている割合が高く、雇用創出基金事業の受け皿がない、もしくは、少ないために生じている問題は、事業や雇用の継続性とも関連している可能性がある[19]。

　事業を行う上での問題点や課題を解決するために、広い意味での情報の蓄積が必要であるとする自治体が多い。今後基金事業を実施するに当たり国に期待することとして、「基金事業の成功事例、失敗事例の情報提供」が多くあげられている。今回の雇用創出基金事業を実施した自治体の中には経験の蓄積がなく、この点を苦労した点としてあげる自治体が多かった。そのため、基金事業の受け皿の確保や充実、さらに、創出される雇用の質について十分な情報提供を行うことが有益であろう。

　これに加えて、雇用創出基金事業は産業政策や地域振興策との連携をしないで実施された比率が 6 割と高い。雇用創出基金事業が極めて緊急に実施されたため、産業政策や地域振興策と連携を図るための準備期間がなかったということもあろう。もちろん、基金事業が他の政策と相互補完的な効果を生

19　この点について事業の委託先に対するアンケートの回答を見ると、事業を受託した理由でもっとも多いのが「自治体から要請があったから」である。さらに、事業受託理由として「自治体からの要請」を上げた委託先では、事業期間終了後の事業や雇用の継続割合が他の事業受託理由に比べて低い。事業受託理由が「自治体からの要請」以外の場合は、事業継続割合、雇用継続割合ともに有意に高い。したがって、「要請」でなく「サポート」でとどまるような、規模等の面から適切な事業の受け皿があれば事業や雇用はよりスムーズに継承された可能性が高まると考えられる。

むかどうかは改めて検証が必要であるが、制度的には単独実施とともに他の政策との組合せが可能となるような枠組みをつくることも考えられよう。

さらに、問題点や課題に対する取組みのポイントとして上げられていたのは、雇用創出基金事業の評価の実施割合が低い点である。緊急性の高い事業とはいえ、現在の国の財政状況を鑑みて、事業の評価を実施して評価結果を行政的に事業に反映させることは今後の課題といえよう。

【参考文献】
髙見具広（2014）「地域のおける雇用の実情と就労支援の意味」『都市問題』105 号
労働政策研究・研修機構（2014）『雇用創出基金事業の政策効果の検証』JILPT 調査シリーズ No.118

第2章 地域雇用問題の現在[1]
——地域間格差と人材流出——

第1節 はじめに

　本章では、地域雇用に関して現在何が問題なのか、あらためて考える。特に近年の雇用情勢や政策的論点をふまえつつ、「地域間格差」の観点から地域雇用の状況・課題を整理したい。

　地域雇用政策の変遷や意義については、序章で議論された通りである。地域に関わる政策は、国土政策の理念もあり、「地方の活性化」を視野に含んできた[2]。そこでは、所得をはじめとした地域間格差の是正が図られたが、「雇用機会の地域間格差」の是正も大きな課題となってきた。わが国では、産業発展の過程で、雇用機会の地域間格差が大きく存在し、大都市への人口集中の一方、地方における「過疎」「限界集落」「中山間地域」といった問題認識を生んできた。それは、若者を中心とした人口流出にともなう地域コミュニティの存立危機を意味する。一方、大都市への人口集中は、バブル経済期以降、近畿・中京圏の相対的地位低下もあって「東京一極集中」の様相を呈してきた。

　近年における政策的議論は、こうした人口問題にいっそうフォーカスする。増田編著（2014）は、若年女性人口の将来推計をもとに、地方ほど人口減少のスピードが激しく、地域の存立危機を招くことを指摘した。そこでは、東京圏の少子化と相まって日本全体の人口減少にも繋がることが問題視され、地方を活性化しなければ、わが国が直面している人口問題は解決しないと論

1　本章は、労働政策研究・研修機構（2015a）（2016）（2017）をもとに再構成したものである。参考文献リストは第4章の後にまとめて掲載した。

2　国土政策の根幹を定める全国総合開発計画は、「国土の均衡ある発展」を目標に、これまで5次にわたり策定され、工場・教育機関等の地方分散、中枢・中核都市の成長などが図られてきた。三大都市圏や東京圏への人口・経済機能集中の流れの中で、「地方」に対する政策的支援を行う意味合いがある。

じられた。

　このように、近年は、東京の対極に位置する「地方」の問題[3]、特にその人口流出の問題に焦点が当たっている。そして、地方での若者定着のために、地域に魅力ある仕事を創る必要があると主張される。ただ、「仕事がないから、若者が出て行って帰らない」と言われる中で、地域雇用にどのような問題があるために若者が流出するのか、十分検討されているとは言い難い。特に近年の雇用情勢をみるに、有効求人倍率が1倍を超えていることからすると、地方でも仕事が十分あるように見える。また、以前は「失業（構造）の地域間格差」として雇用機会の問題が現れていたが、現在は失業率に以前ほどの地域差は見られない。

　では、「雇用機会の地域間格差」という従来型の問題の立て方は、現在では有効性を失ったのか。そう考えるのは早計だろう。後にみるように、雇用機会の地域差を背景に人材流出（大卒者のUターン不足等）が引き起こされているからだ。現在は、失業率や有効求人倍率といった指標が指し示す形で問題が見えにくくなったに過ぎない。実際には、雇用機会の「総量」に関する見かけ上の地域差が解消に向かう一方で、雇用機会の「質」に関する地域差は残存している。といっても、質の問題は、既存の指標ではなかなか捉えがたい。問題の所在が指標面から見えにくくなっているという意味で、問題が「潜在化」しているという言い方もできるだろう。では、どういう地域差が問題なのか。次節以降で解きほぐしていきたい。まずは、地方からの若者流出の状況を確認することからはじめよう。

第2節　地方出身者が地元を離れるとき

1　アンケート調査の方法

　本調査研究プロジェクトでは、個人対象のアンケート調査「若年期の地域

3　つまり、三大都市圏の外にある「地方圏」の問題ではなく、中心（東京など大都市）に対する相対的な周辺部（地方）の問題という性格がある。

移動に関する調査」を行い、地域移動の詳細な中身を把握することを目指した。それは、地域社会の側から「若者流出」ととられる問題を、地域移動する個人の側から捉えなおそうとするものである。地域移動は多分に個人のライフコースやキャリア選択に基づく。地方への人材還流を支援するにあたっては、移動タイミングや理由など、個々の地域移動の実態を正確に把握し、政策的支援ニーズの所在を明確にすることが求められよう。

　本調査は、対象者の出身地[4]と現在までの地域移動経験[5]、現在の居住地域[6]（地方圏、大都市圏）に基づいて割付区分を設定した[7]（図表2-1）。なお、対象者の年齢は、若年期の地域移動を調査目的とすることから、①〜③は25〜39歳、④は25〜44歳とした。また、現在就業している者に対象を限定している。

図表 2-1　アンケート調査の対象・割付区分と定義

	出身県 （＝中学卒業時の居住県）	現在の居住県 （①〜③は、中学卒業時の 居住県との異同）	地域移動経験 （中学卒業後の 他県での居住経験有無）
①出身県定住者	地方圏	同じ	なし
②出身県Uターン者			あり
③出身県外居住者		異なる	
④地方移住者	東京圏・近畿圏	地方圏	

2 地方出身者が地元を離れるタイミング

　最初に、地方出身者が出身地から転出するタイミングと理由をみよう[8]。

4　本調査では、中学卒業時の居住地域（都道府県・市区町村）をもって出身地とした。
5　地域移動経験は、中学卒業以降、現在までに、県をまたぐ移動を経験したかどうかで識別した。中学卒業以前の移動経験は、親の転勤等、本人以外の理由による地域移動が主と考えられるため、本調査では地域移動経験として考慮していない。
6　本調査で「地方圏」とは、三大都市圏以外の地域（道県）とする。三大都市圏は、「東京圏：埼玉県、千葉県、東京都、神奈川県」「近畿圏：大阪府、京都府、兵庫県、奈良県、滋賀県」「中京圏：愛知県、三重県、岐阜県」とする。
7　調査対象、割付区分の詳細は、労働政策研究・研修機構（2016）参照。
8　以下の図表（図表2-2〜2-5）では、「出身県外居住者」を対象にした集計結果を示すが、「出身県Uターン者」でもほぼ同様の傾向である。詳細は労働政策研究・研修機構（2016）の第2章参照。

転出のきっかけをみると（図表2-2）、「大学・大学院進学」が半数を占める（50.0%）。「就職」が15%程度、「専門学校進学」が10%程度でこれに続く。

　次に、転出年齢をみると（図表2-3）、転出年齢は18歳に約6割が集中していることがわかる。そして、18 〜 19歳時を過ぎると転出はほとんど見られない[9]。これは、図表2-2でみたように、転出のきっかけにおいて「大学・大学院進学」や「専門学校進学」が大きなウェイトを占めていることが関係しよう。また、「就職」についても高卒就職での移動にメインがあることがうかがえる[10]。

　出身地を離れた理由をみると（図表2-4）、「地元には進学を希望する学校がなかった」が最も多く（35.8%）、「地元から通える進学先が限られていた」も含めて進学先が限られることが主な理由であり、「親元を離れて暮らした

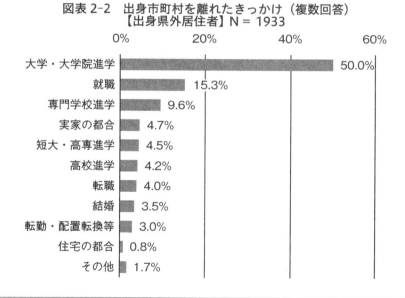

図表 2-2　出身市町村を離れたきっかけ（複数回答）
【出身県外居住者】N ＝ 1933

- 大学・大学院進学　50.0%
- 就職　15.3%
- 専門学校進学　9.6%
- 実家の都合　4.7%
- 短大・高専進学　4.5%
- 高校進学　4.2%
- 転職　4.0%
- 結婚　3.5%
- 転勤・配置転換等　3.0%
- 住宅の都合　0.8%
- その他　1.7%

9　例えば、22歳時の転出は少ないことがグラフからわかる。大学まで地元から通い、その後就職のために転出するといった動きは相対的に少ないことが、本データの示すところである。「住民基本台帳」の数値からは都道府県間移動が「20 〜 24歳」時に多く起こるように多く見えるが、本調査結果との相違の背景には、進学を機とした転出では住民票を（実家の住所から）移さない場合が多いことが関係しよう。つまり、住民票の移動という自治体が通常把握する転出より前の時点で、実際には転出が行われていることが少なくないことがうかがえる。

図表 2-3　出身市町村を離れた年齢（年齢分布）【出身県外居住者】N＝1932

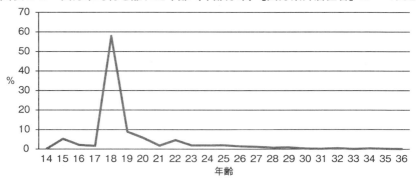

図表 2-4　出身市町村を離れた理由（複数回答）【出身県外居住者】N＝1933

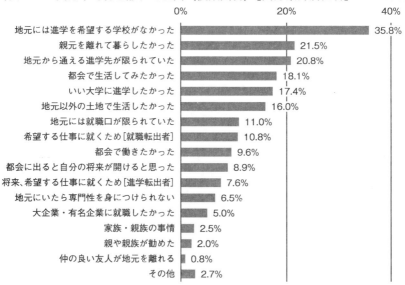

10　図表2-2で示した「就職」という回答について、「初職に就く前に最後に通った学校」との関係をみると、「高校」を出た人では4割強、「高専」を出た人では約55%が「就職」での転出に該当する一方、「短大」「大学」「大学院」を出た人では「就職」での転出は1割に満たない。この結果は、就職を機に出身市町村を離れることは、高卒就職などでは比較的起こりうるが、大卒就職ではあまり起こらないことを示す。大卒者に関わる流出は、その多くが大学進学時に転出して卒業後にUターンしないことであり、地元から大学に通った者が就職のタイミングで流出する動きは相対的に少ないことがうかがえる。

かった」「都会で生活したかった」「地元以外の土地で生活したかった」といった生活の場の選択も合わさった結果であることがわかる。

　では、地方出身者は地元を離れてどこに移動しているのか。地域ブロックの単位で、出身地と転出先の地域を見比べてみたい（図表2-5）[11]。出身地ブロック別に転出先の地域ブロックをみると、「地域ブロック内」の移動割合が大きいのは、「九州・沖縄」（54.4％）、「東北」（45.6％）出身者である。この結果は、地域ブロック内に、福岡、仙台という地方中枢都市があり、こうした大都市の人口吸引力が強いことをうかがわせる。また、「北関東」「中部」出身者では「東京圏」への移動が5割を超える（北関東：64.6％、中部：54.6％）。「北海道」出身者も「東京圏」への移動割合が高い（41.4％）。また、「四国」出身者では「近畿圏」への移動が相対的に多く見られる（21.7％）。

　以上、地方出身者の若者が地元を離れるタイミングについて概観した。アンケート結果からみる限り、転出の直接の引き金となっているのは大学等への進学機会の地域差であり、「仕事がないから地元を離れる」というケース

図表 2-5　転出先の地域──出身地ブロック別──【出身県外居住者】

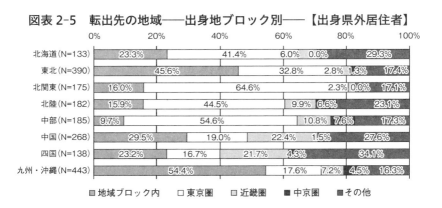

11　本図表において、それぞれの地域ブロックに含まれる都道府県は次のとおりである。「北海道」＝北海道、「東北」＝青森県、岩手県、秋田県、宮城県、山形県、福島県、「北関東」＝茨城県、栃木県、群馬県、「中部」＝山梨県、長野県、静岡県、「北陸」＝新潟県、富山県、石川県、福井県、「中国」ブロック＝鳥取県、島根県、岡山県、広島県、山口県、「四国」＝香川県、愛媛県、徳島県、高知県、「九州・沖縄」ブロック＝福岡県、佐賀県、長崎県、熊本県、大分県、宮崎県、鹿児島県、沖縄県。転出先については、「東京圏」＝東京都、神奈川県、埼玉県、千葉県、「近畿圏」＝大阪府、京都府、兵庫県、滋賀県、奈良県、和歌山県、「中京圏」＝愛知県、岐阜県、三重県である。

は限定的である。だが、この数字をもって雇用機会の地域差が若者流出に関係しないと結論するのは早計だ。大学等を卒業するタイミングで地元に帰れるか、帰りたいと思えるかどうかに、雇用機会の地域差が大きく影を落とすと考えられるからだ。地域の側からみるならば、大学進学等で地元を離れた者のUターンが進まないことが、主要な問題として立ち現れていよう。では、雇用機会にどのような地域差があり、若者のUターンを阻んでいるのか。次節ではそれをみていこう。

第3節　雇用機会の地域差はどう関わるのか

1　「地域差」へのアプローチ

　雇用機会にどのような地域差があることで、若者流出が引き起こされているのか。目に見える指標で地域差を掴みにくくなっている分、問題の把握には困難が伴う。「どことどこの間のどのような格差」を問題にするのか、いま一度明確にする必要がある。そして、この問いに答えるには、①地域間の「比較の単位」と、②地域の「類型的な把握」がきわめて重要になる。

　まず、地域間の比較をどの単位で行うのが適切だろうか。これまでの調査研究をみると、統計的な検討では都道府県単位での比較が多いが、都道府県レベルだけでは、地域の特性（産業・就業構造、人口変動面など）を掬いきれない[12]。その点、市町村レベルの方が比較の単位として適していよう。ただ、市町村レベルでは居住地と従業地が多分に異なりうるという別の問題があり、地域の雇用機会と人材流出との関係をみるにはやや不十分である。この観点からは、居住者の通勤圏を考慮した生活圏・経済圏レベルが好ましいと考えられる[13]。以下では、市町村を基本的な調査単位としつつ、必要に応じて通勤圏を含めた都市圏（≒労働市場圏）レベルで検討したい。

12　小内（1996）など参照。県レベルの特質は、人口の集中する県内中心都市の傾向を大きく反映するものであり、その他の地域については目配りが不足しがちになるのである。
13　ハローワーク管轄区域を単位とした加茂（1998）や、都市雇用圏を単位とした周（2007）などが参考になる。

　次に、地域類型について考え方を整理する。地域をどのように扱うかは、その類型化と不可分である[14]。例えば、ある地域を「企業城下町」「ベッドタウン」「農村地域」等として扱うことも一つの類型化だ。ここで、地域を類型でみる視点が不可欠と述べる理由は、これまで地域の取組事例（成功事例）が数多く紹介されてきたものの、「固有名詞の議論」だけでは政策的含意に限界があると考えるからだ。

　では、どのように類型化（カテゴリー化）することが、地域を適切に扱うことになるのか。これまでの地域分類では、主に地域の人口規模や産業構成、人口の流動性等の都市性をもって議論が積み上げられてきた[15]。それは「都市」「農村」概念をベースに類型を精緻化してきたと言えるだろう[16]。もっとも、都市の中にも階層性が存在することを忘れてはならない。人口移動傾向も、雇用機会の量・質に関する都市レベルの格差（階層差）を反映している部分がある[17]。加えて、製造業集積都市、サービス業中心の都市といった産業構造上の特徴、さらには、国土の地帯構造（中心部、縁辺部）も地域労働市場に関わってこよう[18]。このように、雇用機会と人口移動との関連を問うには、東京圏と地方圏とを対置させるのみでは十分でなく、「地方」の中にいくつもの層・類型があることに留意して検討する必要がある。そして、

14　これは、個人の調査研究の際に、性別（男女）、年齢、未既婚、子どもの有無、就業の有無といった「参照すべき属性指標」があること、企業の調査研究でも業種や企業規模といった指標が参照されることを思い浮かべるとよい。個人や企業などと比べ、地域には参照すべき指標・類型が定まっていない（扱い方が定まっていない）調査研究対象と言える。

15　地域分類は、都市社会学や経済地理学などに研究の蓄積がある。倉沢（1969）、小内（1996）、森川（1998）など参照。

16　人口の地域間移動の要因を巨視的に説明する際に用いられる「プル（pull）とプッシュ（push）の理論」では、「農村地域」は、相対的に就業の場が乏しいことで人口を送り出す地域として存在するのに対し、「都市地域」は、就業の場が豊富で周囲から人口を引きつける地域として存在する。大友（1997）参照。

17　磯田（1995）は、1980年代後半の人口移動パターンが、三大都市圏の中心都市や地方中枢都市など、一部の階層がより上位となる中心都市への人口集中に特徴づけられること、それが、「事業所サービス業」「金融・保険・不動産業」・卸売業などの都市の経済的高次機能の動向と関係が深く、サービス経済化の進展による中心都市の雇用吸収力の増大が関係していることを示す。

18　加茂（1998、2002）、岡橋（1990）、森川（1998）など。岡橋（1990）では、所得水準と財政を通じた受益・負担比率によって、都道府県間の関係をみると、そこには大都市圏を中心とした格差構造がはっきり認められるとし、「三大都市圏」「地方中核都市と工業地域を擁する諸県」「その他の遠隔諸県」を区分する。ここでの「その他の遠隔諸県」（東北・山陰・四国・九州地方の一部）が縁辺部（岡橋は「周辺地域」として論じる）の所在を示そう。

先行研究からは、地域の労働市場に起因する若者流出の問題が、産業集積に乏しい都市（中小都市）、都市部以外の地域、国土の縁辺部に位置する地域などに顕著に現れることがうかがえる。

　そこで、本稿では、都市の階層性に関して、東京・大阪などの三大都市圏と地方の状況が異なることに加え、同じ「地方」の中でも都市規模によって状況が異なりうることに留意して類型を構成する。具体的には、地方にある政令指定都市や、県庁所在地など県の中心都市は、都道府県単位で見れば「地方圏」に属するものの、地域ブロックや県の中心都市であることから、雇用機会の量や質、多様性に比較的恵まれ、人口も増加している地域が多い。これに対し、雇用機会や人口の面における大きな分断線は、おおよそ県内の中心都市か否かにある[19]。県内で2番手クラス以下に位置づけられる都市の場合、雇用機会の質の面で課題を抱える場合も少なくない。また、そうした都市では、教育機関の集積が乏しいこともあり、若者流出が続いている地域も多くあろう[20]。さらに、都市部から離れた地域の場合、雇用機会のヴァリエーションはいっそう乏しくなろう。人口面でも激しい流出に直面している地域と考えられる。

　こうした問題意識をふまえ、居住者の通勤圏等を考慮した市町村分類である都市雇用圏をベースに、以下の4類型を設定することで検討を進めたい[21]。具体的には、「①三大都市圏[22]」「②地方の大都市」「③地方の中小都市」「④都市部から離れた地域」である（図表2-6）。この類型に基づき、雇用

19　人口面における地域の階層性について、宮尾（1994）等を参照。

20　例えば、山形県鶴岡市は、都市雇用圏分類に基づけば大都市雇用圏の中心都市であるが、自然減と社会減（転出超過）による人口減少傾向が続き、若者の地元就職に課題を感じている。労働政策研究・研修機構（2016）に所収のヒアリング記録参照。

21　各類型に用いられる都市圏区分は、金本・徳岡（2002）の都市雇用圏設定基準を活用した（ウェブ上に公開されている都市雇用圏コードを参照 http://www.csis.u－tokyo.ac.jp/UEA/）。なお、都道府県単位で見れば三大都市圏に相当する地域にあるが、都市圏単位で見れば三大都市圏に該当しない地域（成田、豊田、姫路都市圏など）は、ここでは便宜的に「地方の中小都市」に分類した。他の点でも、本稿の分類は、金本の都市雇用圏分類とはやや異なる点に留意が必要である。具体的には、「地方の大都市」の範囲が狭いことに特徴があり、金本の都市雇用圏分類で大都市圏に区分されていても、「地方の政令指定都市もしくは県内の中心都市」という基準に該当しなければ本稿では「地方の中小都市」に分類した。これは、これまでのヒアリング調査をふまえ、一定程度の人口規模の都市でも、県内の中心都市（県庁所在地等）でない場合、中心都市とは雇用機会等に格差があり、人材流出の課題を抱えやすいという問題意識に基づいている。

図表2-6　本章における地域の分類——都市圏分類に基づく——

三大都市圏	東京、大阪、名古屋、神戸を中心とする都市圏地域
地方の大都市	地方圏の政令指定都市もしくは県内の中心都市を中心とする都市圏地域
地方の中小都市	「地方の大都市」以外の都市圏に属する地域
都市部から離れた地域	都市圏に属さない地域

機会と若年流出入に関わる状況・課題や取組みが地理的な位置づけによって異なる可能性について議論したい。

　なお、中心性をもたない市町村については、周辺の都市に通勤可能かどうかも重要な指標だ。都市近郊にあり中心都市への通勤者割合が高い地域は、通常「郊外」と呼ばれる。郊外自治体は、宅地造成や住宅建設を進めることで、中心都市に比べて住宅を取得しやすくすることに加え、子ども医療費助成など子育て支援の充実を図ることなどによって、近隣から子育て世帯を呼び込むことに成功しているところも少なくない。逆に、通勤可能な都市を近隣にもたない地域は、その地域の雇用環境が人口変動をより直接的に左右する。このように、中心性をもたない市町村については、近隣都市の郊外的位置づけにあるかが、雇用機会と人口変動の面からみて大きな違いを生じさせよう。

　以上の観点から、地域の雇用機会と人材流出の状況を検討していきたい。

2 アンケート調査から地域差を探る

　まず、どのような雇用機会の地域差が人材流出に関わるのかを検討しよう。近年の有効求人倍率の傾向を見る限り、求人（≒雇用機会）の総量については、地方においても不足しているとは言いがたい。問題は、雇用機会の「質」の地域差、平たく述べるならば「どんな仕事があるのか（仕事のヴァリエーションや条件面）」の地域差にこそある。これに関し、2016年1月に実施したアンケート調査データを用い、調査対象者の住んでいる地域（の都市規模）によって働き方がどう異なるのかから、大まかな地域差を浮かび上がらせて

22　本章で議論する「三大都市圏」は、都道府県単位のものではないことにあらためて留意したい。
　　例えば、東京都内の市町村でも、東京大都市圏に含まれない市町村は三大都市圏に含まれていない。

71

みたい。まず、地域によって就業形態がどう異なるのかからみてみよう[23]（図表 2-7）。「三大都市圏」居住者においては「正規雇用」の比率が高いのに対し、それ以外の地域の居住者では「パート・アルバイト」の比率が相対的に高い。都市部から離れた地域の居住者においては、相対的に「自営業等」の比率が若干高いという特徴もみられる。この結果から、確かなことは言えないものの、地方では相対的に正社員の雇用機会が少ないことがうかがえよう。

次に、居住地域によって勤め先の業種がどう異なるのかをみよう（図表 2

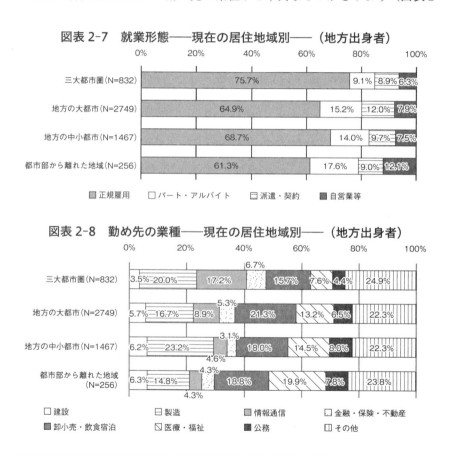

図表 2-7　就業形態——現在の居住地域別——（地方出身者）

三大都市圏(N=832) 正規雇用 75.7% パート・アルバイト 9.1% 派遣・契約 8.9% 自営業等 6.3%
地方の大都市(N=2749) 正規雇用 64.9% パート・アルバイト 15.2% 派遣・契約 12.0% 自営業等 7.9%
地方の中小都市(N=1467) 正規雇用 68.7% パート・アルバイト 14.0% 派遣・契約 9.7% 自営業等 7.5%
都市部から離れた地域(N=256) 正規雇用 61.3% パート・アルバイト 17.6% 派遣・契約 9.0% 自営業等 12.1%

■ 正規雇用　□ パート・アルバイト　□ 派遣・契約　■ 自営業等

図表 2-8　勤め先の業種——現在の居住地域別——（地方出身者）

□ 建設　□ 製造　■ 情報通信　□ 金融・保険・不動産
■ 卸小売・飲食宿泊　◩ 医療・福祉　■ 公務　Ⅲ その他

23　比較のために、就業者に占める家計補助的なパート比率が高い有配偶女性は分析対象から除外し、男性と無配偶女性のみを対象に居住地域間で比較している。

-8)。三大都市圏においては「情報通信」「金融」の比率が相対的に高いのに対し、「地方の大都市」では「卸小売・飲食宿泊」の比率が相対的に高く、「地方の中小都市」では「製造」、都市部から離れた地域では「医療・福祉」の比率が相対的に高い[24]。この結果から、地方では情報通信業や金融業の雇用機会が相対的に少なく、製造業の雇用機会がある都市もみられるが、都市部以外では医療・福祉などの域内市場産業が仕事の場として大きなウェイトを占めていることがうかがえる[25]。

　次に、居住地域によって就いている職種がどう異なるのかをみよう（図表2-9）。三大都市圏では「専門・管理」に就いている割合が高いことに大きな特徴がある。これに対し、地方では「生産工程・技能・労務」に就いている割合が相対的に高い。地方圏の中では職種構成に大きな差はみられないが、「都市部から離れた地域」では「サービス」の比率が若干高いといえる。この結果から、地方圏には専門・管理職の仕事が相対的に乏しく、その分、サー

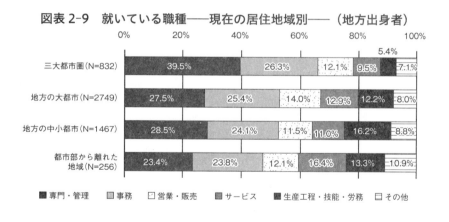

図表 2-9　就いている職種──現在の居住地域別──（地方出身者）

───────────────────

24　全体的な割合が低いものの、「建設」も、三大都市圏より地方圏で就業者に占める割合が高い。
25　「域内市場産業」については中村（2014）参照（60 ～ 63 ページ）。中村は、まち（地域）の外（にいる需要者）を主たる販売市場とした産業を「域外市場産業」と呼び、農林漁業、鉱業、製造業、宿泊業、広域の運輸業などが該当すると述べる。これに対し、地域内で発生する様々な需要に応じて財やサービスを生産する産業を「域内市場産業」と呼び、建設業、小売業、対個人サービス、公共的サービス、公務、金融・保険業（支店・営業所）、不動産業などが該当するとする。域外市場産業は、地域経済成長の原動力で所得の源泉となることから、基盤産業とも呼ばれる。黒田・田渕・中村（2008）も参照。

ビスや生産工程・技能・労務の仕事の比重が高いことがうかがえる。

　最後に、年収の違いをみる（図表2-10）。三大都市圏と地方ではその水準
に大きな違いがみられる。三大都市圏では「500万円以上」が35％を占める
など、相対的に高収入層の占める割合が高い。これに対し、地方では「200
万円未満」「200～300万円未満」の割合が高く、両者を合わせると約半数
を占めている。この結果から、上述の産業構造や職種の差異もあり単純比較
はできないものの、地域によって賃金水準に差があることがうかがえる。

　なお、地方における人材流出の背景には、雇用機会の地域差に加えて、買
い物環境や娯楽など生活環境の地域差も指摘される。この点をアンケート
データから探ってみよう[26]（図表2-11）。「交通の便が悪い」「大型ショッピ
ングセンターへのアクセスがよい」「深夜に買い物ができるお店がある」「お
しゃれなお店がいくつかある」「休日に遊びに行く場所がない」という項目
に対してあてはまる割合を居住地域別に示した。これをみると、生活環境は
居住地域によって大きく異なることが推測される。まず、「交通の便が悪い」
割合は、地域によって大きな差があり、地方ほど、特に都市部から離れる地
域ほど「悪い」と感じる割合が高い。

　次に、買い物環境に関わる3項目をみよう。まず、大型ショッピングセン
ターへのアクセスは、地方でも大都市であれば「三大都市圏」に劣らないが、

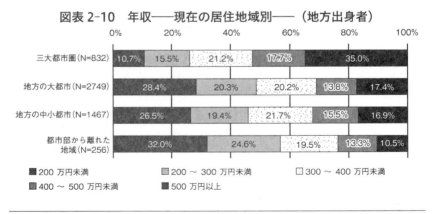

図表 2-10　年収——現在の居住地域別——（地方出身者）

26　ここでの分析対象は、地方出身者（「出身県定住者」「出身県Uターン者」「出身県外居住者」）
　　であり、図表2-7～2-10と異なり、有配偶女性も分析対象に含めている。

図表 2-11　地域による生活環境の違い──現在の居住地域別──
　　　　　（地方出身者）

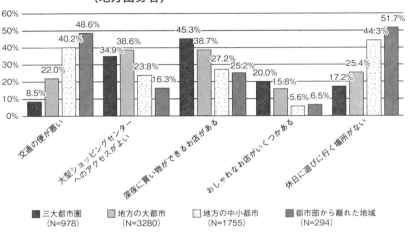

■三大都市圏　　　■地方の大都市　　　□地方の中小都市　　　■都市部から離れた地域
　（N=978)　　　　　（N=3280)　　　　　（N=1755)　　　　　　（N=294)

中小都市クラス以下の地域ではアクセスに問題を感じやすい。「深夜に買い
物ができるお店」は、コンビニエンスストアに代表される都市型の利便性に
関する指標であるが、やはり大都市圏ほど利便性が高く、都市部から離れる
地域ほど低い。また、「三大都市圏」「地方の大都市」と「地方の中小都市」「都
市部から離れた地域」との間には大きな落差がある。「おしゃれなお店」は、
利便性というより、カフェや雑貨屋等、若者にとって魅力ある都市型の文化
的環境を表す指標であるが、その割合は、やはり「三大都市圏」「地方の大
都市」とそれ以外の地域では大きな差がある。

　最後に、娯楽環境に関わる「休日に遊びに行く場所がない」は、地方ほど、
都市規模が小さいほど当てはまる割合が高く、とりわけ「都市部から離れた
地域」では半数以上がそう認識している。このように、生活環境は地域によっ
て大きな差があり、とりわけ「地方の中小都市」「都市部から離れた地域」
では、利便性や都市的な生活様式の面で大都市部と大きな差があることがう
かがえた[27]。

27　ここに挙げた全ての項目において、統計的に１％水準で有意な差がみられた。

　ここで、ヒアリング調査を行った地域の事例から、雇用機会の地域差と人材流出の問題を検討したい。

　ヒアリング地域は、先の類型において「三大都市圏」に属する地域は含まれておらず、「地方の中小都市」「都市部から離れた地域」に属するところが多くを占める。そして、雇用機会の面、生活環境の面で課題を抱え、若者を中心とした人材流出に悩まされている地域が大半であった。以下では、ヒアリング調査結果から、地域の雇用機会に関わる課題を整理したい[28]。

①雇用の受け皿不足

　まずは、若者の就職先となりうる雇用の受け皿（量）の不足である。一次産業が中心の地域、都市部から離れた地域など、産業基盤が相対的に脆弱な地域では、雇用の受け皿に関わる課題が特に多い。こうした地域では、地域の求人が、医療・福祉や小売業、建設業など域内市場産業にほぼ限定され、就職先にヴァリエーションが乏しい。そして、高卒就職者の地元外就職、大学進学者のＵターン不足が特に深刻である。新卒での就職の選択肢が少なすぎることが、人材流出に直結していると言えるだろう。人材流出と相まって、地域の医療・福祉、建設業、小売業などの産業は軒並み人手不足の課題を抱えている。なお、地域によっては、親の地域に対する誇りが希薄であることや、子どものキャリアを考えて積極的に県外に送り出すケースもみられる。

　例えば、青森県十和田市は、有効求人倍率こそ１倍を超えているものの、建設業と医療・福祉の２業種で常用求人の半数以上を占めている点に特徴がある[29]。また、非正社員求人が全体の３分の２を占めることに加え、正社員の就業機会は、建設業、医療・福祉がかなりの割合を占め、それ以外の業種

28　ヒアリング時期は、地域によって、2014 年 10 月から 2016 年 12 月までの幅がある。本稿で取り上げる地域のヒアリング時期は、事例に言及する際に注で示す。

29　ここに記した十和田市の状況については、労働政策研究・研修機構（2017）所収の「ハローワーク十和田ヒアリング記録」参照。ヒアリング実施時期は 2016 年 8 月。

は相対的に少なく、かつ正社員でありながら条件の悪い求人も散見されるため、求職者が希望するような業種・条件の正社員求人は少ない状況にある。出身者の地域移動については、県外に進学した大卒者のＵターンが少ないことに加え、高卒就職でも県外への就職が４割を超え、県内就職する者でも地元（十和田管内）での就職は相対的に少ない。その背景については、条件面の格差に加え、「職種に偏りがあるため、やむを得ず県外を希望する生徒もいる」とされる。愛媛県西予市・八幡浜市でも、出身者の地元就職が進まない点で同様の課題を抱え、背景として地元における職種のヴァリエーションが乏しいこと、親が自分の子の地元就職を望まないことが指摘される[30]。

　なお、地域の基盤産業である農林漁業等の一次産業は、単価の低迷や担い手の減少・高齢化といった課題を抱える。特に単価の低迷で、そのまま出荷するだけでは付加価値が小さく、担い手の減少と合わせて地域の経済規模が縮小に向かう場合がある[31]。また、観光振興に力を入れている地域でも、十分な観光客を呼び込めていない、あるいは宿泊客が少ない「通過型観光」が大半なため地元に利益が落ちにくいといった課題を抱える。加えて、古くからの地元業者には産業振興や地域活性化に対する意識が低い場合も多く、地域全体で目標を共有することの困難もある。

　もっとも、都市部でも受け皿不足と無縁ではないことを付け加えておきたい。というのは、比較的規模の大きな地方都市でも、大卒者（特に文系卒）に見合った就職先が十分にないという課題を免れないからである。地方の大都市では、東京等に本社をもつ大企業の支店・支社の立地が少なくないが、大卒新卒でそういったオフィスワークの仕事へ地元就職できる道筋は整って

30　労働政策研究・研修機構（2017）所収の「ハローワーク八幡浜ヒアリング記録」参照。ヒアリング実施時期は2016年11月。同地域での新規求人の産業別割合をみると、卸・小売業、農・林・漁業、医療・福祉、製造が大きなウェイトを占める。また、「昨年の管内の新規高卒者（727名）のうち、187名が就職を希望し、40名が管内、91名が管外、56名が県外に就職した。管外への就職先は主に松山や東予地域（今治、西条、新居浜）である。」「管内には小規模な会社しかなく、南予地域の親は、子供の管内就職を望まず、大手や有名企業等への就職のため一度は外に出てほしいと考えている傾向が強い」などが指摘される。
31　例えば、労働政策研究・研修機構（2015a）記載の長崎県小値賀町の事例を参照。同町の漁業が、燃油や経費が高いことや魚価の低迷で厳しい状況にあり、同時に、親が子に後継ぎとして島に残ることを勧めないという。ヒアリング実施時期は2014年11月。

いない[32]。こうした雇用の受け皿不足の問題がまず挙げられる。

②労働条件面のミスマッチ

次に、雇用の「質」に関わる労働条件面の地域差である。地方都市においては、製造業等の地域に根付いた地場産業があり、企業が集積している地域も少なくない。ただ、地場産業がある都市でも、「高卒者の県外就職が多い」「大学進学者のＵターンが低調」といった課題が聞かれ、賃金格差をはじめとする条件面の地域差が背景として挙げられた。なお、問題となる労働条件は賃金だけではない。平日・日中勤務といった時間面で求職者の希望に合う求人を見つけられない（逆に、土日・夜間勤務の求人が充足しない）といった「希望条件のミスマッチ」が地域雇用の深刻な課題となっている。このミスマッチは、特定業種・職種の人手不足を生むとともに、大卒者をはじめとした出身者の地元就職（Ｕターン就職）が思うように進まない要因のひとつになっている。

事例からみてみよう。宮崎県延岡市は、長く企業城下町として栄え、現在でも中小製造業が集積する都市であるが、地元就職は思うように進んでいないという[33]。平成24年3月〜28年3月卒の新規高卒者の県外就職率は46.2％であり、そのうち男性の県外就職率は53.0％、女性は35.0％である。県外の就職地域は、東京23.0％、愛知22.6％、福岡13.4％、大阪12.0％の順となっている。求人の平均賃金が5万円ほど東京の方が高いことや、都会へのあこがれ、県外企業の知名度などが、高校生を県外就職に向かわせているようだという[34]。

③地元企業の認知不足

上記の例でみられるように、人材流出には労働条件の地域差のほか、地元

32　労働政策研究・研修機構（2015c）参照。大卒新卒者に対し地域限定正社員制度や地元採用枠を整備している企業の割合はきわめて低い。「本社一括採用」の慣行が根強いことが同調査から明らかになっている。

33　延岡市では2016年9月にヒアリングを実施した。

34　ここに記した延岡市の状況については、労働政策研究・研修機構（2017）所収の「ハローワーク延岡ヒアリング記録」参照。

企業の認知（知名度）不足も大きく関わる。地域経済の基盤となる企業に人材需要があっても、学生やその親に十分知られていないことから、地元就職が選択肢になりにくいという状況が各地で課題となっている[35]。学生の地元就職を阻む企業知名度の問題には2つの側面がある。ひとつは地元企業の存在・魅力が十分に知られていないことであり、もうひとつは若者が大都市圏の有名企業の募集に引きつけられることである。後者は大学生の就職活動のあり方に関わる大きな論点だが、地域にとってはまず前者の問題から対処する必要があるだろう。

　なお、認知不足だけでなく、地域に根付いた就職・採用慣行にも要因が求められる。具体的には特に高卒就職において、大都市部などの県外企業に比べて地元企業が求人を出すタイミングが遅いこと、地元の高校と県外企業との長年のつながりがあることも域外流出に関係している[36]。こうした背景から、地域の基盤となる産業・企業に人材ニーズがあっても、充足が難しくなっていると言うことができる。

第4節　まとめ

　本章では、地域雇用に関して現在何が問題なのか、雇用機会の地域間格差

35　例えば、労働政策研究・研修機構（2017）記載の山梨県南アルプス市の状況参照。大卒者の地元（Uターン）就職について、山梨県南アルプス市では、「市内には精密加工、食品関係の製造業などの企業が立地し、大卒の若い人材を求めてはいる。ただ、企業のPRをする機会が少なく、学生が地元企業を十分知らないこともあり、大学進学で東京等に出た学生は、公務員や金融機関、教員などになる人はUターン就職するものの、それ以外のUターン就職は思うように進んでいない」という。ヒアリング実施時期は2016年8月。

36　例えば、長崎市の状況について、労働政策研究・研修機構（2017）所収の「ハローワーク長崎ヒアリング記録」参照。同地域では、高卒者に対して地元企業からの求人はあるもの、地元就職が進まない状況にある。「県外就職者の就職先は、愛知、大阪、福岡など。男性も含め、製造業に限らず多様な業種に就職している。工業高校卒業生でも、地元の造船業などに就職を希望する者は少ない。県外就職が多いのは、求人を出すタイミングが県外企業の方が早いこと、学校との過去からのつながりがあることなどが背景。県内企業が求人を出すタイミングが遅いのは、中小企業においては、採用計画にも業績の影響を受けるので直前まで見込みが立ちにくいことがある。県内企業の採用意欲は高いので、求人を早めに出してもらいマッチングを図りたいと取り組んでいる」という。ヒアリング実施時期は2016年11月。宮崎県延岡市においても同様に、地元企業からの求人はあるものの、県外の大手企業に比べて求人を出すタイミングが遅いことなどを理由に、高卒者の地元就職が進まないことが指摘される。

と人材流出の観点から議論した。内容をまとめよう。

①地域の雇用情勢は、雇用機会の「量」（有効求人倍率や失業率）に関する地域差が縮小したように見えるものの、雇用機会の「質」には地域差が大きく、地方では若者を中心とした人口流出が引き起こされている。出身地からの転出は、18歳時の大学等進学を機としたものが主であるが、問題は大学等を卒業した後に地元に戻れるかどうかにある。地域にとっては、雇用機会の地域間格差を背景としたUターン不足として問題が認識されている。

②雇用機会の地域間格差については、大きく3つの問題がある。雇用の受け皿不足、労働条件の地域差、地元企業の認知不足である。地域によって問題の重心は異なるが、こうした雇用機会の地域差が大卒者等のUターンを阻む大きな要因であり、地域発展に必要な人材の流出をもたらしている。

③雇用の受け皿不足は、都市部から離れた地域で特に深刻である。それは若者の就職先となりうる選択肢が極端に乏しいという形をとってあらわれる。ただ、都市部でも受け皿不足と無縁ではない。仕事のヴァリエーションが比較的ある地方都市（大都市）でも、オフィスワークなど大卒文系に適した就職先が十分になく、Uターンに課題を抱える。

④労働条件の地域差は、賃金格差のほか、就業時間帯、福利厚生なども含めた「希望条件のミスマッチ」の問題であり、求職者が希望に合う仕事を見つけられない一方で、地元企業は人手不足を解消できずにいる。

⑤地元企業の認知不足も人材流出に大きく関わっている可能性がある。地元企業の存在・魅力が十分知られていないこと、新卒就職での学生の有名企業志向が強いことが、地方就職、Uターン就職の妨げになっている。それは、本人のみならず親（地域の大人）の意識の問題でもある。

　このように、地域では、雇用機会の地域間格差などを背景として、進学で地元を離れた大卒者等のUターンが進まないという人材流出の課題を抱える。人材流出は、地域の産業に深刻な人手不足をもたらすことはもちろん、基盤産業をはじめとした地域経済の発展にとっても大きな足枷となってい

る。本章ではこうした問題状況を整理した。

　本章でみたように、雇用構造と人口変動をめぐって地域を覆う問題は多分
に構造的で、容易に解決策を見出しにくい。だが、こうした中でも、雇用創
出や地域活性化に向けて、地域では様々な試行錯誤が行われている。地域に
よっては、目の前の問題に対処するのみならず、中長期的な視野ももって地
域の課題に向き合っているケースもみられる。厳しい中ではあるが、そうし
た取組みの先に、魅力ある地域として生き残る道が示されるものかもしれな
い。次章では、地域活性化や雇用創出に向けた取組みのあり方を検討してみ
たい。

地域の雇用創出・活性化に向けての方策[1]

第1節　はじめに

　本章では、地域で行われている雇用創出や活性化の取組みについて、ヒアリング調査をもとに検討する。そして、地域の取り組みをどう進めていけばよいのかを考えたい。

　第2章では、雇用機会、特にその質に関する地域差が大きいことをみた。特に地方の中小都市や、都市部から離れた地域では、地域雇用について大きく3つの課題があり、人材流出が引き起こされていた。その3つの課題とは、若者の就職先となりうる受け皿不足、労働条件面のミスマッチ、地元企業の認知不足である。地域にとって、人材流出が続けば、人手不足の深刻化とともに、基盤産業をはじめとした地域経済が「負の循環」に陥ってしまうことにもなろう。

　こうした状況にどう対処したらよいのか。本章では、人材定着のためにも、地域に魅力ある「働く場」を創っていく方策を考えたい。この点、まず認識すべきは、短期的な雇用創出を目指すだけでは不十分ということだ。地域に根ざした良質な雇用機会が増えるには、中長期的な視点をもってその地域の産業発展を目指すことが不可欠だからである。産業発展を主眼とした地域振興を「地域活性化」という言葉で捉えるならば、短期的な雇用創出策のみならず、どのような取組みが地域活性化に寄与するのかを考える必要があるだろう。

　地域雇用創出にあたっては、雇用創出の規模とスピードの両面で、地域に製造業が立地することの効果が大きいと言われる[2]。実際、都道府県レベル

1　本章は、労働政策研究・研修機構（2015a）（2016）（2017）をもとに再構成したものである。参考文献リストは第4章の後にまとめて掲載した。

2　伊藤ほか（2008）参照。

を中心に多くの自治体が製造業等の企業誘致に力を注いできた。また、地域の成長分野・戦略分野を設定し、企業誘致を組み合わせるなど戦略的な産業構築を図っている地域もある[3]。ただ、企業誘致の雇用創出効果に疑問を呈する研究があるように[4]、それは万能な解決策ではない。また、誘致した工場が閉鎖・撤退するというリスクも存在し、その際に地域が被るダメージはきわめて大きい。

　こうした理由から、地域の雇用創出は、地域にある企業や資源を活かす方向が同時に必要となる。もっとも、企業誘致自体がそもそも困難な地域も少なくない。例えば、地理的条件が不利な中小都市や、都市部から離れた地域では、誘致以外の方策をメインに考える必要がある。「地域資源を活かす」こと、つまり、地場産業（中小製造業等）の振興、もしくは一次農産物の加工・販売や観光メニューの開発などによる新たな産業基盤の創出である。後に具体的な事例をもって検討しよう。

　このように、地域の置かれた「位置」によって、地域雇用の問題も異なれば、対処方法も異なってくるだろう[5]。つまり、雇用創出・地域活性化のアプローチは一律ではなく、目指すべき地点も一律ではない。次節以降では、こうした観点を頭におきつつ、ヒアリング調査の結果をみていきたい。

第2節　雇用創出・地域活性化の実際

1　戦略的な産業振興・雇用創出策

　地域の雇用創出・活性化に向けて取るべき方策には、地域の置かれた位置

3　伊藤ほか（2008）では、戦略的企業誘致によって半導体関連産業の集積と雇用創出に成功した熊本県の取組みなどが紹介されている。

4　岡田（2005）は、技術先端型分工場が地域に立地した場合の波及効果は、本社への利益移転構造があるために限られると指摘した。その他、千野（2013）は、製造業の質の変化により、1980年代と比べて2000年代は、地域への製造業立地が就業者数に与える影響が低下したと述べる。

5　この場合の「位置」は、都市部か否か、国道沿いかどうかなどの地理的な条件のほか、産業特性、高等教育機関（大学等）があるかどうか、あるいは居住者の就業行動の特性（共働きが一般的かなど）といった、多様な側面から構成されよう。本稿では、このうち、都市部か否かに視覚をしぼって考察していきたい。

による違いがある。まず、地方都市における取り組みから議論しよう。地方都市は、比較的多様な雇用機会があると言えるが、日本の中心的大都市と比較すると、労働条件など雇用機会の「質」の面で課題がある。それは大卒者等の人材流出（進学で地元を離れた者のＵターン不足）にもつながっている。だからこそ、良質な雇用機会を創ることが必要とされ、各地域で取り組まれてきた。

　もっとも、雇用機会の「量的創出」が目の前の課題になる場合もある。雇用情勢の厳しい地域、地元企業の閉鎖・撤退等に伴う大量離職（＝雇用喪失）のあった地域では、それが喫緊の政策課題となろう。例えば、沖縄県うるま市は、雇用失業情勢が厳しく、県が主導して情報通信関連産業の誘致を行うなど大規模な雇用創出策が行われてきた[6]。また、鳥取県鳥取市は、2010年頃から市内立地企業の事業再編などによる製造業従事者（技術者など）の大量離職に見舞われ、県・市・労働局が連携して離職者支援を行うとともに、新たな雇用の受け皿を創出するための産業政策を積極的に進めてきた[7]。県レベル（鳥取県）でも、地域の強みを活かした成長分野を掲げ、やや長期的なスパンで県内産業を成長させる政策を推進すると同時に、雇用創出を大きな政策目標におき、地域雇用の量・質の改善が進められている[8]。

2 地元企業の底上げ

　製造業等の地元企業が集積する地域（中小都市等）の場合、地域の産業基盤を活かし企業の競争力を底上げする支援策が雇用創出にも大きく寄与しよう。企業の売上げが伸びれば、人材採用意欲が喚起されると考えられるから

---

[6] 労働政策研究・研修機構（2015a）における「うるま市企業立地雇用推進課ヒアリング記録」参照。ヒアリング実施時期は2015年1月。

[7] 労働政策研究・研修機構（2015a）における「鳥取県商工労働部雇用人材総室就業支援室」「鳥取市経済観光部経済・雇用戦略課」ヒアリング記録参照。ヒアリング実施時期は2014年8月。

[8] 「雇用創造1万人プロジェクト」「正規雇用1万人チャレンジ」など。現在進められている「正規雇用1万人チャレンジ」では、「雇用の場の創出」「県内外の人材確保・育成」「雇用の質の向上」を柱にして、若者が就職できる環境整備を推進し、4年間で1万人の正規雇用創出を目指すものである。鳥取県ホームページ参照。なお、計画の基礎となる県内企業の実態・ニーズ把握のため、2015年8～10月に「鳥取県正規・非正規雇用実態調査」（アンケート調査）と企業の聞き取り調査が行われた。

だ。なお、こうした地元企業の振興による雇用創出は、中長期的に見れば高い雇用創出効果を見込める一方で、企業誘致に比べ、成果を得るまでに時間がかかる面もある[9]。短期的な成果にこだわらず、地道で息の長い取り組みが求められる。

なお、雇用創出という点からは、企業への支援と同時に、（地域の）求職者に向けたアプローチも求められる。特に、必要なスキルが不足して就職に結びついていない場合があるならば、求職者に向け、スキルや就業意欲の向上を図る取り組みが有効だろう。そして、求人側・求職者側双方に戦略的なアプローチをした上で、両者のニーズをふまえてマッチングの機会を設けるならば、効果的・効率的な就職促進につながると考えられる。以下でいくつかの事例を紹介しよう。

①地元企業のニーズに応える研修——宮崎県延岡市——

例えば、宮崎県延岡市では、大企業が立地する環境を背景に、機械装置部品やプラントメンテナンス等を主力とする受注型企業として地元中小企業は発展を遂げてきた。しかしながら、石油化学産業からヘルスケア産業といったように中核企業の事業内容が変遷していくにつれて、求められる技術レベルも上昇し、近年は、（中核企業側の）ニーズと（地元中小企業の）技術との間での乖離が起こり、従来案件も含めて域外へ流出しているという状況が散見される。このため、地元企業においては、技術の研鑽や新たな設備投資、新規開発や販路開拓など様々な取り組みを通じて、大手中核企業ニーズへのキャッチアップと大手依存からの脱却へ向けた様々な努力を行っている[10]。

こうした状況の中、同市は地元企業等へのヒアリングから、発信力や営業

9　山本（2010）では、エコノミックガーデニングという言葉で、「地元企業が成長する環境をつくる」政策が検討されている。エコノミックガーデニングでは、企業への支援において、情報提供や経営者に対するメンタリング（指導や助言）など、経営戦略やマーケティング手法に関するアイデアに対する投資が重視される。なお、同書では、アメリカのコロラド州リトルトン市において、エコノミックガーデニングを実施したことにより、1990年から2005年までの間で、雇用数が14,907人から35,163人へと136％増加し、この期間の売上税収入は680万ドルから1960万ドルに増加した例が紹介されている（67ページ）。

10　ここに記した延岡市の状況については、労働政策研究・研修機構（2017）所収の「延岡市商工観光部工業振興課ヒアリング記録」参照。ヒアリング実施時期は2016年9月。

力、設計力、開発力など、企業が不足している課題を把握し、企業担当者向けの研修（セミナー）を実施した[11]。その一つに、3D-CADプログラミングから3Dプリンターでの試作までを一連の内容としたセミナーがあるが、セミナーの受講後、実際に3Dプリンターを購入し、医療などの新たな分野に向けた試作等に活用している企業もあるという。また、地元企業からの要望をふまえ、展示会での製品・商品の見せ方、POPの作り方などの内容の研修を実施するとともに、企業HPを改善し、WEB上での発信力を強化するセミナーなども行った。

同市では、同時に地域の求職者向けに、上記事業者向けメニューと関連付けたスキルアップセミナーを実施したところ、2人の製造業未経験の女性受講者が製造業に就職するなどの成果を得た。雇用を増やすためには、求人企業等に働きかけるのみでは十分でなく、このような求職者側に対するアプローチも必要となる。地元の産業基盤、事業者のニーズをふまえた取り組みが効果的な実践につながった例と言える。

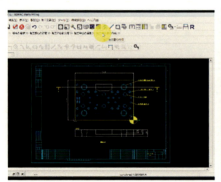

延岡市：地元企業のニーズに応える［左：3D-CAD画面　右：展示会の様子］
（延岡市提供）

②受注・人材育成など多方面の手厚い支援——長野県岡谷市——

長野県岡谷市は、中小製造業の集積地域であるが、地元企業向けに、受注、

11　労働政策研究・研修機構（2017）より。延岡市は、厚生労働省「実践型地域雇用創造事業」を活用して取組みを行った。

岡谷市：東京での展示会における共同出展の様子
（岡谷市提供）

情報提供、人材育成、経営、雇用といった多方面の支援を行っている。例え
ば、人材育成支援は、バリ取りセミナー、表面処理の技術セミナーなどの従
業員育成や、5S や先輩経営者の経営論を聞くなどの若手経営者育成などを
行っている。受注支援としては、大都市での展示会に市として企業と共同で
出展し、受注に向けた PR 活動を行っている。また、市外からの受注を市役
所でコーディネートし、市内企業への受注につなげることもある。さらには、
年１回東京・名古屋で「岡谷市の産業振興を考える懇談会」を開催し、岡谷
に縁のある企業関係者等から産業振興に関する意見を聞いている。さらには、
諏訪圏６市町村・関連企業と信州大学が協力してのロケット開発事業も特色
ある取り組みだ。産業基盤を活かして人材育成しながら販路を開拓するのが
目的の事業だが、関わった大学生が地元企業に就職するという副次的な効果
もあった[12]。

❸ 地元資源を活かし付加価値をつける

　一次産業が中心で地場の企業集積が乏しい地域の場合、上記のように地元

12　2017 年 7 月のインタビューより。学生にとって、「企業が何を行っているか」とともに、「こ
の企業に入ったら何ができるか」が重要。夢のある企業には就職する。これからの人材確保策と
して、地域の中小企業がどこに向かっているかを伝えることが必要という。

企業を育てる方策は望みにくい。では、こうした産業基盤が乏しい地域は、どのようにしたらよいか。第2章で述べたように、都市部から離れ、地理的条件が不利な地域では、地域雇用の問題はより深刻である。かといって企業誘致もなかなか望みにくい。地域資源を活かした（内発的な）活性化・雇用創出が求められるゆえんである。具体的には、例えば、地域の一次産品等を活かして加工品を開発し、域外へ販売することが考えられる。そうすることで、一次産品のままの販売よりも付加価値を上げ、地域の経済規模を拡大することが、地域の活性化・雇用創出への道筋として描かれよう。また、十分活かしきれていない地域の観光資源を活用し、観光プランを開発することで、域外から観光客を呼び込む方策も考えられる。

　本調査研究では、厚生労働省「実践型地域雇用創造事業（以下、実践事業）」の枠組みを活用した地域の取り組みを中心にヒアリング調査を行った[13]。そこでは、一次産品の加工等による商品開発の好例が多く見られた。こうした取り組みは、地元企業が乏しく、求職者のスキルアップ支援や求人・求職のマッチングを行うだけでは就職や雇用創出につながりにくい地域では特に効果的な方策と言える。以下で具体的な事例から検討しよう。

①加工の工夫で「かくれた資源」を活かす──沖縄県南城市──

　沖縄県南城市では、実践事業の枠組みを活用し、地元産のトビイカを活用

南城市：トビイカを加工したメンチカツの開発
（南城市提供）

13　「実践型地域雇用創造事業」の枠組みについては、労働政策研究・研修機構（2017）第2章を参照。

したトビイカメンチカツなどを開発した。トビイカは南城市では沢山捕れるが、身質が硬いため生食・加工共に難しく、漁師もトビイカを捕っても売れないので捨てていたが、調理師資格保有者が加工に取り組み、トビイカをミンチにしてから加工するとむしろ食感が良くなることを発見し、メンチカツなどのメニューを開発した。2015 沖縄南城セレクションの推奨品に選ばれたことで話題になり、よく売れたことから、レシピの提供を受けた食品加工業者はトビイカの加工部を作り、その部署に新たに 6 名を雇用するなどの成果があった[14]。

②地元産品のブランド化の成功──高知県本山町──

また、高知県本山町は、稲作には条件不利な中山間地域にある中、付加価値をつける取り組みとして始めた特別栽培米「土佐天空の郷」のブランド化に成功し、農家の所得向上を果たした[15]。ブランド化に取り組んだきっかけは、米の単価が下がり、このままでは荒地が広がって生活できないという問題意識を、40 代くらいの若手農家が共有したことにある。地元農家は、自

本山町：地元産品のブランド化の成功［左：特別栽培米「土佐天空の郷」 右：棚田の風景］
（本山町提供）

---

14 労働政策研究・研修機構（2017）より。南城市の事業展開については、同報告書の「南城市企画部観光商工課ヒアリング記録」参照。
15 本山町の取組みは、労働政策研究・研修機構（2015a）所収の「本山町まちづくり推進課ヒアリング記録」参照。ヒアリング実施は 2015 年 1 月。

分の栽培した米がおいしいと昔から感じていたが、外から認知されることで付加価値を付け、販売単価を上げたいと考えた。本山町における特別栽培米のブランド化成功には、このような地域の若手農家の問題意識を出発点とし、専門家の知恵も借りながら、栽培や出荷の際の基準を厳しく設定するとともに、関東に狙いを定めるなど販売・PR にも戦略をもって臨んだことが寄与している。そして 2010 年のお米コンテストで日本一になり、メディアで一気に注目されたことで地元農家の意識も変わり、取り組みが加速することとなった。また、お米だけでなく、「天空の郷」ブランドをもとに焼酎や甘酒などの加工品開発を行おうという雰囲気になるなど、町全体の活性化につながった[16]。

③潜在的な観光資源を活かす——長崎県小値賀町——

　また、潜在的な観光資源を活かして観光パッケージなどを開発し、交流人口増加による地域活性化を目指すことも重要な方策のひとつである。長崎県小値賀町では、佐世保からフェリーで 2 時間半の距離にある離島だが、I ターン者と地元住民が協働して設立した「おぢかアイランドツーリズム」が中心となって民泊事業・古民家事業などの体験型の観光振興を進め、それが注目されることで、交流人口の大幅な拡大がもたらされるとともに、若い人の雇用の受け皿を作り出した。そして、観光の仕事にひきつけられた島外からの

小値賀町：潜在的な観光資源を活かす［左：絶景の「五両ダキ」　右：古民家ステイ］
（小値賀町提供）

16　なお、「土佐天空の郷」は 2016 年のお米コンテストで 2 回目の日本一に輝いたという。

Ｉターン者流入が進むとともに、それまでほとんど見られなかった地元出身者がＵターンするという流れも作り出しつつある[17]。島の自然環境や古民家、また路地裏の風景などは、現地に住む者にとっては「当たり前」のものではあるが、そうした「潜在的な観光資源」がＩターン者の目で再発見された好例といえる。

４　地域活性化につながる起業

　地域の活性化にとって、創業希望者への支援も重要だ。自営業等の起業はすぐには雇用増加にはつながらないかもしれないが、起業が進むことは地域の活力につながり、将来的な雇用拡大も見込める。以下では、地域の創意工夫の中で起業が重要な位置にある事例を紹介したい。

①デザインによる販売戦略——兵庫県淡路地域——

　地元産品に付加価値をつけるという意味では、兵庫県淡路地域の取り組みも好例だろう。淡路地域（淡路島）では、「島の土」（鶏糞や菜種油粕を加工した有機肥料）、「Suu」（鳴門蜜柑などから抽出したエッセンシャルオイル）などの商品を開発した。「島の土」は、もともと10キロの大袋を50円程度で地元の農家に売り、田んぼにまいていた鶏糞を、500グラムのパッケージにして島外でガーデニング用に売るために、パッケージをデザインし、においがしないように加工し、それをもう一回淡路島の土に戻していくという島ならではのストーリー性をもたせ、付加価値をつけて販売したもの。もとの20分の１の量で約20倍の価格設定だが、大阪の百貨店などで、裕福な主婦層などをターゲットに売られ、販売状況はよい。「Suu」も5mlで数千円するなど高価であるが、淡路島固有の柑橘類で作っているという売りもあり、島内の「パルシェ香りの館」で観光客向けに売れている。結果として、多くの起業が行われた点で事業は成功している。「デザインによる付加価値によって物が売れた」という成功体験が事業の初期に起こり、その事例で「こうい

17　詳細は、労働政策研究・研修機構（2015a）における「おぢかアイランドツーリズムヒアリング記録」参照。ヒアリング実施時期は2014年11月。

淡路地域：商品開発した「島の土」「Suu」
（淡路地域雇用創造推進協議会「つながりを生み出す商品カタログ2015」より）

うパッケージデザインをしたのが決め手だった」など、成功事例を皆で共有
し「売り方」を学んだことで、その後、2番目、3番目と起業が続いたもの
と事業担当者は考えていた[18]。地元の農水産物等の地域資源を活かし、付加
価値をつけた商品を域外に販売して経済規模を拡大することは、雇用創出策
としても大きな意義をもとう。

②移住者の起業で地域活性化めざす——石川県能美市——

　石川県能美市の取り組みも興味深い。地方都市特有の課題として中心市街
地の活性化があり、高齢化と過疎が進む農村地域ではコミュニティ維持が切
迫した課題である[19]。地域コミュニティ再生のための一つの方策は、「手に
職をもつ人」の呼び込みであろう。市内に人口集中地区と中山間地域の両方
を抱える石川県能美市では、移住支援と起業支援を組み合わせた「ワーク・
イン・レジデンス制度」を創設し、この課題に積極的に取り組んでいる。こ
の制度の目的はコミュニティ再生にあり、起業家はそれ以外の人よりも地域
に貢献できるという思いがある。実際、カフェや農業関係、地場産業である
九谷焼陶芸作家などの起業家による制度活用があり、移住実績という意味で
の成果は想定以上と市では評価している。ただ、市の目指しているところは

18　ここに記した淡路地域の事業展開については、労働政策研究・研修機構（2017）に所収の「兵
　庫県淡路県民局県民・商工労政課ヒアリング記録」参照。ヒアリング実施時期は2016年10月。
19　ヒアリング実施時期は2014年10月。能美市の取組みの詳細は、労働政策研究・研修機構（2015a）
　を参照。2017年7月に追加的なヒアリングを行った。

能美市：ワーク・イン・レジデンス制度の活用事例
（能美市提供）

もっと先にある。つまり、大事なのは、移住してくるだけなく、いかに地域コミュニティとつながるかと認識しており、今後移住者が地域とどれだけつながっていけるか、地元住民の意識変化をもたらせるかに注視している。能美市の「ワーク・イン・レジデンス制度」は、単なる移住促進策に留まらず、地元の人の意識変化などを含めた地域コミュニティの再生を狙っている点で、今後の展開が注目される取り組みである。

③起業が続き、町の魅力に──北海道東川町──

　居住の魅力を高める「まちづくり」に取り組むことで広くアピールし、近隣のみならず遠方からも若年層の呼び込みに成功している地域もみられる。旭川市に隣接する北海道東川町はそのひとつであろう[20]。東川町は「写真の町」としての取り組みを長年にわたって続け、それに連なる事業のアイデアも豊富である。また、景観に配慮したまちづくりを行うなど、町の魅力を高めた結果、近隣・遠方問わず移住者を集め、近年は町内でカフェ等の起業が相次いだ。そして、町の雰囲気が良くなったことや、「おしゃれな町」とい

20　ヒアリング実施は 2014 年 11 月。東川町の取組みの詳細は、労働政策研究・研修機構（2015a）を参照。2017 年 7 月に追加的なヒアリングを実施した。

東川町：起業が続き、町の魅力に
（東川町提供）

う評判が、更なる移住者を呼び込むという好循環をもたらしている。長年の
まちづくりがもたらした成果と言える。

第3節　地域活性化のあり方を考える

1 何が地域を動かすのか

　以上、地域の取り組みをいくつか紹介したが、取組事例から探りたいこと
のひとつは「なぜ取り組みがうまくいったのか」であろう。この点、成功の
要因と呼べるものはきわめて多様で、容易に集約できないものではあるが、
本節では「何がその地域の取り組みを動かしたのか」という観点から考察し
てみたい。あわせて、地域活性化の目指すところは何なのか、あらためて考
えてみよう。

　まず、何が事例地域の取り組みを動かしたのか、ヒアリングの範囲から整
理してみよう。今回の事例地域においては、①地域関係者の連携、②外部の

視点や知恵が、実効性のある取り組みを導くカギになっていた。

①地域関係者の連携・問題共有

　まず挙げられるのが、地域関係者の連携である。本章の事例で取り組まれた「実践事業」は、地域関係者が連携して雇用創出に取り組む枠組みを提供するものであるが、実際、同事業として行うセミナーの実施でも、地域の課題・ニーズを的確に捉えて行うことが効果的な実践をもたらしていた。事業所向けの取り組みであれば、先に挙げた宮崎県延岡市の例のように、事業所ニーズを詳細に把握して行ったことが効果的な事業実施につながっていた。ここで一点付け加えるならば、同市では、この事業を行うために地元企業のニーズを聴取したというより、ニーズ把握を定期的に行う仕組みをもっていたことも大きい[21]。ふだんからの連携・ニーズ把握が重要であることを教えてくれる例である。

　地域関係者の連携という点では、他にも、商工会や農協など地域で力のある機関と連携し、地元のニーズをつかみ、効果的な事業の企画・実施につなげている例もみられた[22]。

②外部の視点や知恵

　地域内の連携に加えて、外部の視点や知恵が入ることも、取り組みの活性化に大きく貢献していた。例えば、兵庫県淡路地域では、島外から、地域振興の分野で名を知られるデザイナーやプロデューサーが、スーパーバイザーの立場で取り組みを支援した。そして、その紹介で、デザイナー、料理研究家、ファシリテーター、まちづくりプランナー等、各地で活躍する専門家との人的ネットワークができた。こうした専門家の支援の上に、デザインに信念をもって商品開発やセミナーを行ったことで、多くの起業を生むといった成果

21　市の事業担当者によると、「構想提案書のベースとなっているのは「延岡市工業振興ビジョン」である。通常このような計画は行政主導で策定、実施していくが、このビジョンは企業団体も主体的に取り組んでいる。また、地元企業へのアンケートやヒアリングによって得た情報を反映しつつ、定期的に刷新している」という。延岡市商工観光部工業振興課ヒアリング記録参照。

22　例えば、山梨県南アルプス市の取組について、労働政策研究・研修機構（2017）所収の「南アルプス市農林商工部観光商工課ヒアリング記録」を参照。ヒアリング実施時期は2016年8月。

を得られたことは先に述べた通りである。同地域の実践では、外部の専門家の知恵が、地域独自の取り組みと成果に大いに貢献したことがうかがえる。

　なお、「外部の視点」は、上記のような専門家に限ったものではない。UIターン者によって意欲的な取り組みが行われた事例も各地でみられるからだ。例えば、先にあげた沖縄県南城市の事例では、観光業の経験があり、同地に魅せられたⅠターン者が取り組みを主導したことが、地域の独自性を取り込んだメニューの実施につながっている。地域振興の分野では外部人材の視点の重要性がこれまでも指摘されてきたが、聞き取りにおいても、その役割の大きさがあらためて示された。

　さらに、軽視できないのがメディアの影響力である。成功事例では、テレビや新聞などのマスメディアに取り上げられたことで取り組みが加速したというエピソードが多く聞かれた。外部から注目される、もしくは評価されることが、地元の「気づき」になったり、誇りを再認識させる契機になっていよう。もちろん、メディアの注目は狙って得られるものではなく、「注目」の前に地道な実践があるのは言うまでもない[23]。

2　成果を得るために

①成果を得るまでの時間

　以上、各地域の事例から、地域活性化・雇用創出を進める方策を検討したが、それが容易ではないこともまた事実である。では、地域の雇用創出・活性化にあたって何が課題になるのか、また、何を目指せばよいのか。あらためて考えてみたい。

　まず、課題から検討しよう。農水産物の加工による商品開発の例では、企業による商品化と販売の段階で課題が多いことがうかがえる。各地域では、魅力的なメニューの開発まではうまくいっているものの、（個別企業が）そ

23　もちろん、何よりも、地域を活性化しようという、取組み主体の意欲、熱意が重要であることは論をまたない。例えば、兵庫県淡路地域では、行政ではなく、地元で熱心に活動していた民間の若者 3 名からの提案が取組みの発端となっている。こうした若者の熱意が、先に述べた外部の知恵と出会うことで、地域に大きな変化を巻き起こしたことがうかがえる。また、各地で、問題意識の高い行政職員の発案が事業の企画・実施の推進力となったことが確認された。このことも特記すべき事実だろう。

れを商品化し、販売する段階で苦労している事例が少なくない[24]。言うまでもないことであるが、雇用を生むためには、魅力的なメニュー（加工品、観光プラン等）を開発するだけでは不十分である。消費者が手に取る魅力的な「商品」となり、販売が軌道に乗ってはじめて安定的な雇用機会が生まれよう[25]。メニューを商品化し販売するのは、個々の事業者の努力や意欲にゆだねられる部分も大きいが、持続的な雇用創出という地域全体の目標を達成するためには、流通・販売段階の課題への対応を、地域全体で継続的にフォローすることが必要とも考えられる。

②人口構成と雇用創出効果

　地域活性化の課題に関し、いっそう考えさせられるのは、地域の人口構成が雇用創出効果を規定する部分が少なくないことである。労働政策研究・研修機構（2015a）では、計量分析の方法によって、高齢化率の高い地域、生産年齢比率の低い地域では雇用創出効果に限界があることが示された[26]。また、労働力流入率の高い地域ほど雇用創出力が高いことも確認された。ここからは、域外からの流入を含め就業可能人口を確保することが、地域の活力を高める意味でも重要であることが示唆される。ただ、この結果は、人口流出が続く地域に対して厄介な問題を突きつけている。つまり、そうした地域では雇用創出の必要性が高いにもかかわらず、人口流出下では雇用創出効果を思うように見込みにくいのである。地域経済が悪循環に陥る危険性がすぐそこに迫っていよう。しかし逆に、何らかの地域の魅力が若者をひきつけ流入がもたらされると、それが更なる地域の活力を育み、いっそう労働力をひきつけるという好循環にも転じうるのである。地域活性化とUIJターン促進・支援策は、切り離して考えることはできない。むしろ、戦略的に連携して進

24　こうした問題意識をもって販売段階での支援に重点を置いて取組みを行った事例としては、宮崎県西都市が好例である。労働政策研究・研修機構（2017）参照。

25　この点、先に検討した兵庫県淡路地域の事例では、デザインという観点を重視して、消費者が手に取る魅力的な商品を開発したからこそ、商品が売れ、起業が次々と生まれたものと考えられる。

26　同書の第1章「地域の雇用創出力とその差を生み出す要因について」（風神佐知子論文）を参照。

めていくべきものといえるだろう。

③何が目指すべきゴールなのか

　地域関係者にとって「どうしたら地域が活性化するのか」が重要な関心事項なのは当然のことだろう。ここで再認識すべきなのは、成功の「手段」「条件」のみを追い求めるのではなく、「何が目指すべき姿（ゴール）なのか」も同時に想定しておくことである。雇用創出にしても、近年の雇用情勢をふまえるならば、「何のための（何を目指した）雇用創出か」を再確認する必要があろう。有効求人倍率が1倍を超えるなど、地方でも見かけ上仕事がある中、ある意味、雇用創出の意義が見えにくくなっているが、地域にとって雇用創出の必要性が減じているわけではない。それは第2章で述べた通りである。地域の発展にとってなぜ仕事づくりが必要か、どのような仕事を創る必要があるかなど、あらためて地域で認識を共有する必要があるだろう。

　では、地域活性化の目指すべきところは何か。もちろん、安定した就業機会があることは、地域住民の福利厚生にとって大事なことである。そうした「地域を維持すること」にとどまらず、「地域を発展させること」にはどんな意味があるのか。また、どこを目指して進んでいけばよいのか。こうした地域活性化の「ゴール」は、人口増加などの指標では十分測りきれない面がある。人口変動は、地理的条件にともなう有利・不利も大きく、地域活性化策の成否だけを意味するものとは言えないからだ[27]。

　では何が目指すべき姿なのか。これについては、多くの「成功事例」が物語っていよう。「成功地域」は、統計数値で見るかぎり、人口が増えているとは限らない。産業・雇用構造が劇的に変化しているわけでもない。では何が「成功」なのだろうか。いくぶん抽象的であるが、それは「地域が誇りを取り戻すこと」ではないか。そう考えてみたい。小田切（2009）は、「誇りの消滅」が地域を覆う深刻な問題であるとしたが、それを乗り越える道を見つけることは、地域にとって十分な意義をもつものだろう。「誇りの欠如」

27　もちろん、一地域における取組みの効果を、過去と比べた人口増減で測ることの意義も一定程度あるが、人口変動は短期的にドラスティックな変化を望みにくいものでもあることに留意したい。

を克服し、地域が（身の丈にあった）「生きる道」を見つけることこそが、ひとつの目指すべき姿と考えられる。そのために、すぐに数字として現れる「効果」は小さいかもしれないが、持続して行うことが大切な実践であるのは間違いない[28]。

第4節　まとめ

本章では、良質な雇用機会の創出を中心とする地域活性化の取り組みについて検討した。本章の内容をまとめよう。

①一定の産業集積がある地域（地方の中小都市等）においては、地場の産業基盤を活かす雇用創出策が求められる。地元企業のニーズに即し、受注や開発、人材育成にかかわる支援をいかに行うかに地域の創意工夫がみられる。産業基盤を強化するとともに、求職者向けに必要なスキルアップを行うことで、雇用創出につながる可能性はより広がっていく。

②一次産業以外に産業基盤の乏しい地域の活性化・雇用創出は、地元の農林水産物を活かした加工・販売や、ブランド化、潜在的な観光資源を活かすなどの方策が考えられる。商品開発では、加工のみならず、デザインで付加価値をつけるなど販売段階での戦略もみられる。「雇用」創出に限らず、事業が成功して起業が続けば、地域コミュニティの活性化にもつながる。

③地域活性化のプロセスでは、地域関係者の連携による問題の共有、外部の視点などが重要な要素である。外部の視点とは、UIターン者のほか、デザイナー等の専門家が参画する好例が見られ、マスメディアの影響も大きい。なお、雇用創出等の成果を得るまでには、販売段階での苦労や時間を要する面があるが、地域が目指す姿を共有し、地道に取り組むことが成功

28　本章で検討した商品開発等は、各地域における試行錯誤の記録といえる。短期的に大きな成果が見えにくい部分があるかもしれないが、刺激的な実践は、様々な波及効果も生み、地域にとって持ちうる意味は特定の数値で測りきれない部分がある。特に産業基盤が脆弱な地域ほど、こうした地域の「起爆剤」ともなりうる取組みの価値は大きいと考えられる。

の道である。

　地域雇用や人材流出の問題は、早急な解決を望めるものではない。その意味で、雇用創出や人材還流を目指す取り組みは短期的な成果を容易に得られない部分も否めない。しかし、地道な実践の先にしか大きな果実を実らすことはできない。構造的な困難に直面する中でも、強い問題意識をもって刺激的な取り組みを続ける中で、地域が自らの「生きる道」を見つけ、愛着や誇りを取り戻していく先にこそ、持続的な「働く場」の創出、そして人材還流への道筋が見えてこよう。その実践・プロセスこそが地域活性化であるという言い方もできるかもしれない。

　なお、地域活性化の目指すべきところは、必ずしも人口増減に還元できるものではないが、UIJ ターン者が地域活性化に及ぼす影響がきわめて大きいことも事例が示すところである。UIJ ターンの促進・支援は、地域活性化と切り離せないものといえる。次章では、こうした人材還流の現状と課題、支援のあり方について議論しよう。

地方への人材還流の可能性を考える[1]

第1節　はじめに

　本章では、地方への人材還流の可能性について考える。「UIJ ターン」と呼ばれる地方への人口移動の特徴について検討した後、UIJ ターン促進・支援のあり方について議論したい。

　第2章で述べたように、近年、東京をはじめとした大都市への人口集中や、それと表裏一体の関係にある地方からの人材流出が問題視され、地域に若年者が定着・還流（UIJ ターン[2]）するための取組みが国全体の政策課題となっている。第2章でみたように、地方出身者が地元を離れるタイミングは大学等への進学が主であり、教育機会の地域差が直接の引き金となっているが、雇用機会の地域間格差も人材流出に大きく関係していた。地方における若年者の定着・還流を促す上で、魅力ある就労の場が地域にあることは重要な条件と言える。

　若者の地域定着や U ターンの傾向について、これまでの研究は以下の事実を確認してきた。まず、長期的な傾向では、若い世代ほど U ターン率が高まっており[3]、若者の地元定着傾向もみられるようになってきている[4]。

1　本章は、労働政策研究・研修機構（2015a）（2016）（2017）をもとに再構成したものである。参考文献リストは、本章の後に掲載している。
2　一般的な定義では、「U ターン」とは、生まれ育った故郷から進学や就職を機に都会へ移住した後、再び生まれ育った故郷に移住すること。「I ターン」とは、生まれ育った故郷から進学や就職を機に故郷にはない要素を求めて、故郷とは別の地域に移住すること。「J ターン」とは、生まれ育った故郷から進学や就職を機に都会へ移住した後、故郷にほど近い地方都市に移住すること。一般社団法人移住・交流推進機構ホームページ参照。
3　江崎（2007）、労働政策研究・研修機構（2015b）等。
4　太田（2010）、山口・荒井・江崎（2000）、江崎（2006）、労働政策研究・研修機構（2015b）など。例えば、労働政策研究・研修機構（2015b）では、国立社会保障・人口問題研究所「第 7 回人口移動調査」（2011）の再分析から、若い世代の男性を中心に、地方から都市への移動、特に高卒層での就職時流出、大卒層での進学時流出が減少傾向にあることを示す。

また、Ｕターンには家族の状況が大いに関係することや[5]、就業の場が限られる地域（都市部以外など）の出身者ではＵターン率が低いといった地域差も指摘されてきた[6]。Ｕターンのタイミングについては、多くのＵターンは最初の就職後数年以内といった早期に行われやすいとされている[7]。こうした知見がある一方で、全国レベルでの精緻な検証が不足していた論点があることや[8]、行政支援ニーズがどこにあるのかが検証すべき課題として残されていた。また、大都市出身者の地方移住（Ｉターン）に関しては、移住者の事例紹介が数多くなされてきた一方で、「地方移住（者）」の全体像（属性や移住理由・タイミング等）が量的に把握されておらず、どこに行政支援のニーズがあるのかも不明瞭であった。

　以上の問題意識をふまえ、若年期の地域移動の状況や支援ニーズを把握するアンケート調査を行った。その結果と、地域のUIJターン促進・支援策に関する聞き取り調査の結果を合わせ、地方への人材還流の可能性について議論する。次節において、UIJターンの実態からみていこう。

5　林（2002）では、長子のＵターン率が非長子と比べて高いこと、Ｕターン者のうち半数近くが親と同居していることが示され、「Ｕターン移動とは、機会の相対的不足による出身地から流出させる力と、出身家庭からの要請（親との同居や家業継承）による完全流出を引き止める力とが拮抗した結果生じた産物といいうる」（138ページ）と論じられる。

6　江崎（2007）は、「第5回人口移動調査」のデータから、地方圏各県からいったん他県に転出した者のうち、出身市町村に帰還した者の割合を「出身地Ｕターン率」、他の市町村に帰還した者の割合を「Ｊターン率」とし、出身地類型間で比較したところ、男女とも「Ｊターン率」は出身地域類型間の差が小さいものの、「出身地Ｕターン率」は、「県庁所在地」「一般市」「町」に比べて「村」が明らかに低い水準になっていることを示す。

7　江崎・荒井・川口（2000）は、「就職後3年以内に帰還者数のピークを持っているなど比較的早い段階における「Ｕターン」が大勢であり、就職後10年以上が経過し、ライフステージの進行により世帯規模が拡大した後の帰還はきわめて例外的である」（90ページ）とする。江崎・山口・松山（2007）も参照。

8　これまでの知見は、特定地域での調査から得られているものも多い。前述の江崎・荒井・川口（2000）も、長野県および宮崎県出身者の事例として結果を提示している。これは、出身者の詳細な地域移動調査を行う場合に、サンプル抽出のため高校の同窓会名簿などを活用する例が多いことからきている。

第２節　UIJ ターンの実際

1 地方出身者の U ターン移動

① U ターンのタイミング

　まず、地方出身者の U ターン移動について、あらためて実態を整理したい。出身県への U ターンのきっかけは、「就職」（30.4％）が最も多く、「仕事を辞めた」（19.0％）、「転職」（16.0％）がこれに次ぐ（図表 4-1）。

　U ターン年齢の分布をみると、U ターン年齢のピークは 22 歳時にあることがわかる（図表 4-2）。ここからも、主に大卒者の新卒就職（U ターン就職）が、U ターン移動の大きなウェイトを占めていることがうかがえる。

　なお、大卒の U ターン就職の意志決定には親の影響が大きい。県外進学の大卒者を対象に、就職活動の際によく相談した人をみると（図表 4-3）、「U ターン就職者」は「県外就職者」に比べて、親に相談した割合が高いという特徴がある。また、図表は省略するが、U ターン就職希望者は、そうでない者に比べ、応募企業の選択に際し「実家から通えるため」「親の意見・希望

図表 4-1　出身県への U ターンのきっかけ（複数回答）
【出身県 U ターン者】N=1467

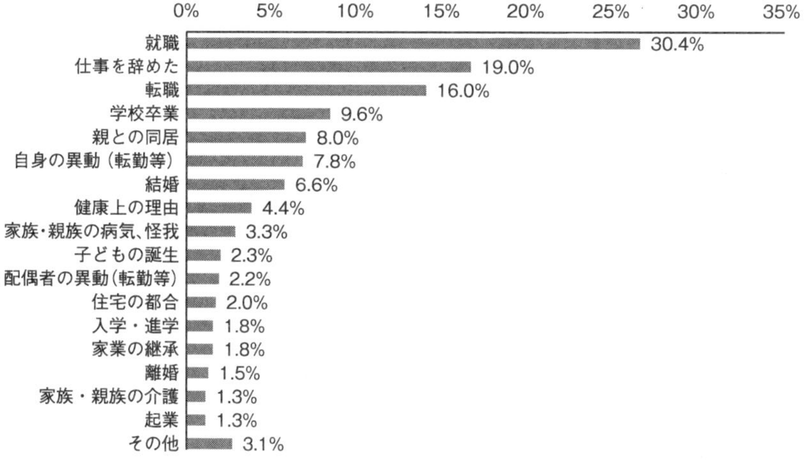

項目	割合
就職	30.4%
仕事を辞めた	19.0%
転職	16.0%
学校卒業	9.6%
親との同居	8.0%
自身の異動（転勤等）	7.8%
結婚	6.6%
健康上の理由	4.4%
家族・親族の病気、怪我	3.3%
子どもの誕生	2.3%
配偶者の異動（転勤等）	2.2%
住宅の都合	2.0%
入学・進学	1.8%
家業の継承	1.8%
離婚	1.5%
家族・親族の介護	1.3%
起業	1.3%
その他	3.1%

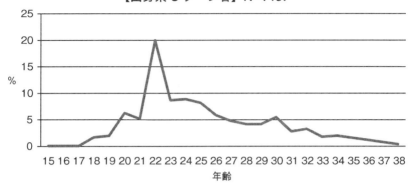

図表 4-2　出身県への U ターン年齢（年齢別の割合）
【出身県 U ターン者】N=1467

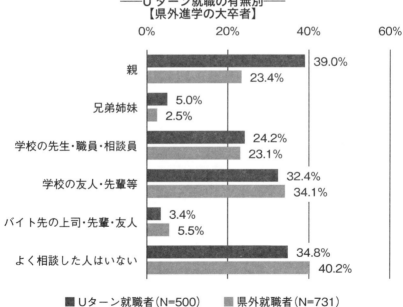

図表 4-3　就職活動の際によく相談した人（複数回答）
——U ターン就職の有無別——
【県外進学の大卒者】

■ U ターン就職者（N=500）　■県外就職者（N=731）

があったため」という理由を挙げる傾向にあった[9]。U ターン就職にあたって、
親の存在（意向や情報）が大きな役割を果たしていることがあらためてうか

がえた。

② U ターンと J ターン

　では、出身県に U ターンした者のうち、どのくらいの人が出身市町村ま
で戻っているだろうか。「出身県 U ターン者」の中身について、「出身市町
村への U ターン」と「出身市町村以外への J ターン」を識別することで検
討しよう。図表 4-4 をみると、「出身県 U ターン者」のうち、出身市町村に
U ターンしている割合は 72.9% であり、残る 27.1% は「出身市町村以外への
J ターン」であった[10]。

　そして、出身市町村に U ターンする（できる）かどうかは、出身地域に
よる違いが大きい。例えば、同じ地方圏でも、県内の大都市と都市部から離
れた地域とでは、就職・転職の選択肢になりうる雇用機会の量・質が当然異
なろう。具体的には、県内の大都市（県庁所在地など）の出身者であれば、
地元に多様な就業機会があることから、U ターンという選択を行いやすいか
もしれない。これに対し、都市部から離れた地域（農村地域等）の出身者で

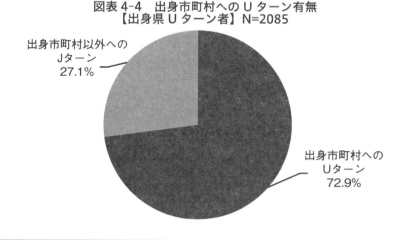

図表 4-4　出身市町村への U ターン有無
【出身県 U ターン者】N=2085

出身市町村以外への
J ターン
27.1%

出身市町村への
U ターン
72.9%

9　労働政策研究・研修機構（2017）の 36 ～ 37 ページ参照。
10　なお、図表は割愛するが、初職就職時点で出身市町村に U ターンしていた割合は 54.9% であり、
　より低かった。

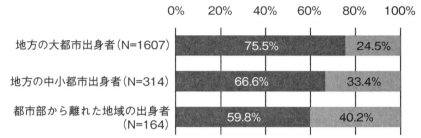

図表 4-5　出身市町村への U ターン有無
——出身市町村の類型別——
【出身県 U ターン者】

は、地元に帰りたくても、就業機会が乏しいために U ターンを選びにくい
と想定できる[11]。この点を検討するため、都市雇用圏の基準に従って出身市
町村を分類し、出身市町村への U ターン割合を比較した[12]（図表 4-5）。こ
れを見ると、「地方の大都市出身者」では、出身市町村に U ターンしている
割合が 75.5％ と高いが、「都市部から離れた地域の出身者」では 59.8％ であり、
現在までに出身県に U ターンした者のうち、出身市町村以外への J ターン
者が 40.2％ を占める。都市部から離れた地域の出身者では、出身市町村への
U ターンが進みにくいことが示唆される[13]。この背景には、同じ県内にあっ
ても、大都市部ほど、就職や転職の選択肢となりうる雇用機会の量・質がよ

11　労働政策研究・研修機構（2015a）では、地域ヒアリング調査に基づき、都市部から離れた地
　域では、就業機会の乏しさから、出身者が「帰りたくても帰れない」状況にあることを論じた。
　本書の第 2 章も参照のこと。
12　都市雇用圏（UEA）は、（1）中心都市を DID 人口によって設定し、（2）郊外都市を中心都
　市への通勤率が 10％ 以上の市町村とし、（3）同一都市圏内に複数の中心都市が存在することを
　許容する都市圏設定である（金本・徳岡（2002）参照）。中心都市の DID 人口合計が 5 万人以
　上の場合は「大都市雇用圏」、1 万人〜 5 万人の場合は「小都市雇用圏」と呼ぶ。本稿では、
　UEA 関連 HP（http://www.csis.u-tokyo.ac.jp/UEA/）に掲載の、2010 年国勢調査の数値に基づ
　く都市雇用圏コード表を用い、市町村を「大都市圏の中心都市」「大都市圏の郊外」「小都市圏の
　中心都市」「小都市圏の郊外」に分類した。ここでは、地方圏（道県）にある「大都市圏の中心
　都市」「大都市圏の郊外」をまとめて「地方の大都市」と表記し、「小都市圏の中心都市」「小都
　市圏の郊外」をまとめて「地方の中小都市」、都市雇用圏に含まれない市町村を「都市部から離
　れた地域」と表記した。

り豊富であることが関係しよう。なお、図表は省略するが、J ターン者に限定して、現在の居住市町村をみると、J ターン者のうち約 8 割は「県内の大都市」に居住している。つまり、出身県への J ターンは、県内の中心都市への集中傾向をともなっていることがわかる。

③ U ターンでの仕事・生活の変化と満足度

　ここで、当事者において U ターンはどう評価されているのか。U ターン前後の仕事・生活の変化をみることで検討したい。図表 4-6 には、U ターン前と後での仕事・生活面の変化について、それぞれの項目が「増えた」割合

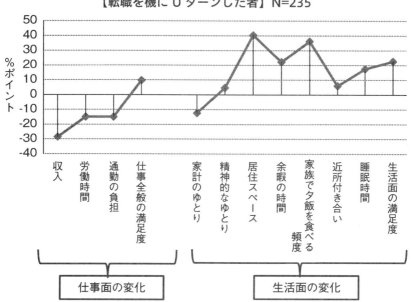

図表 4-6　U ターンによる変化（「増えた」割合―「減った」割合）【転職を機に U ターンした者】N=235

13　「都市部から離れた地域」の出身者ほど U ターンが少ないのかどうかは、このデータ（割付調査）からは厳密には検証できない。図表 4-5 は、あくまで、出身県 U ターン者のうちで、出身市町村まで U ターンしている割合が、「都市部から離れた地域」出身者ほど小さいことを示すにとどまる。ただ、出身県に U ターンしている人のうちでも J ターン者が 4 割を占めるという調査結果は、こうした地域の出身者では、都市部出身者に比べて U ターンが困難であることをうかがわせてもいる。

と「減った」割合との差を表示している[14]。値（％ポイント）がプラスであるほど、その項目がUターンによって増加したと読むことができる。これをみると、仕事面の変化では「収入」「労働時間」「通勤の負担」が全てマイナスであり、仕事全般の満足度はややプラスとなっている。つまり、Uターンに伴い収入が減った人は多いものの、時間面の負担も軽減され、仕事全般の満足度は低下していない。生活面をみると、「家計のゆとり」はややマイナスであるものの、「居住スペース」「家族で夕飯を食べる頻度」「余暇の時間」「睡眠時間」が大きくプラスであり、「生活面の満足度」はプラスになっている。つまり、収入低下に伴って家計のゆとりは減る場合がままあるものの、居住スペースの増加はもとより、仕事時間面の負担低下から家庭生活の時間が充実し、生活の質が向上していることが、調査結果からうかがえる。

2 大都市出身者の地方移住（Iターン）

① Iターンの中身

　次に、大都市出身の地方移住者（Iターン）の中身について検討しよう。地方移住の中身は男女で大きく異なる。男女別に地方移住のきっかけをみると（図表4-7）、男性は「自身の転勤等」が35.9％と最も多く、「転職」（19.4％）、「就職」（18.7％）がこれに次ぐ。これに対し、女性では「結婚」（34.4％）が最も多く、「配偶者の転勤等」（14.1％）がこれに次ぐ。

　この中で、「転勤」は一時的な滞在を見込むものも多いため「移住」と言えるかどうかは留保が必要だろう。この転勤を除けば、男性においては、「転職」「就職」を機とした地方移住が多いと言えるが、中身にはやや偏りがあることに留意したい[注]。まず、「就職」については、学歴は大学院が多く、業種は「製造業」、職種は「専門・技術職」が約45％であることから、理系の大学院卒で、希望する企業が地方にあったため地方就職した人が多く含まれよう。また、「転職」を機とした地方移住は、学歴は「大学院」約22％、業種は「教育・学習支援業」が約2割、職種は「専門・技術職」が約45％

14　ここでは転職を機とした出身県Uターン者のみが集計対象となっている。転職を機としたUターン者しか、Uターン前後の仕事に関する情報を得られないからである。
注　労働政策研究・研修機構（2016）第4章を参照。

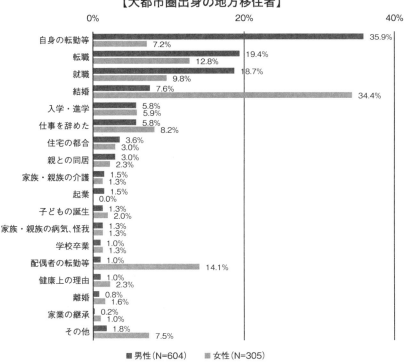

図表 4-7　地方移住のきっかけ（複数回答）
──男女別──
【大都市圏出身の地方移住者】

■男性（N=604）　■女性（N=305）

であることから、大学教員・研究者等の教育関係者が多く含まれると考えら
れる[15]。

　「結婚」を機とした地方移住は、女性が約７割を占めることに最大の特徴
があり、就業形態は「パート・アルバイト」が約45％を占める。結婚を機
に配偶者の親との同近居のため移住した女性で、家計補助のパート等の仕事
に就いている人が多く含まれると推測される。

　このように、地方移住は「就職」「転職」「結婚」など特定のライフイベン

15　実際、仕事内容に関する自由記述欄からは、「教育・学習支援業」従業者のうち半数程度が大
　学教員や研究職と推測できる。また、他に医療機関勤務者が比較的多く含まれることもうかがえ
　た。

トを機としたものが多くを占め、個人の価値観や生き方に基づいた地方移住、もしくは生活環境面での優位性から地方居住を選択した移住者は、相対的にボリュームが小さい可能性がうかがえる[16]。

　次に、地方移住の年齢をみると、Uターンに比べ、地方移住の年齢は明確なピークを持たない。25 〜 30 歳でやや多いが、30 代後半まで幅広い年齢に分布している。地方移住のきっかけ別に年齢分布をみると（図表 4-8）、移住の中身と年齢は一定程度対応していることがわかる。まず、「就職」を機とした地方移住では 22 〜 24 歳時にピークがある。これは、Uターン就職で 22 歳時のみに大きなピークがあったことと比べると若干異なる特徴であるが、地方就職者（Iターン就職者）の学歴では大学院が大きな割合を占めていることから、24 歳にも大きな山があると考えられる。「結婚」を機とした地方移住は 20 代後半（25 〜 30 歳頃）が多い。そして、「転職」を機とした地方移住は、20 代半ば以降、30 代後半まで存在し、年齢的な偏りが小さ

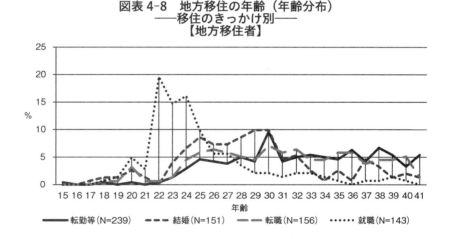

図表 4-8　地方移住の年齢（年齢分布）
――移住のきっかけ別――
【地方移住者】

16　アンケート調査より、地方移住の理由をみると、「勤務先の都合」が 41.5％と突出しており、「希望する仕事があったため」が 13.6％で次ぐ。一方で、「自分らしい生き方をするため」（6.1％）、「仕事以外の生活も充実させたいため」（3.0％）といった自身の価値観や生き方に基づくもの、「豊かな自然環境にひかれたため」（5.4％）や「子育て環境を考えて」（4.3％）、「都会暮らしに疲れたため」（3.0％）といった、生活環境面の優位性から地方居住を選択した移住者は、本データでは少数派にとどまっている。

い[17]。

②Iターン者の支援ニーズ

次に、地方移住者が移住当初どういうことで苦労したのかをみることで、支援ニーズの所在を検討したい。移住当初の苦労を男女別に示した図表4-9をみると、男性では「特に困ったことはなかった」が相対的に多いのに対し、女性では「買い物が不便だった」「困ったことを相談する人がいなかった」「生活に必要な情報が得られなかった」など生活上の苦労の他に「仕事がなかなか見つからなかった」（22.3％）も比較的多く挙げられる。図表は割愛するが、

図表4-9　移住当初に苦労したこと（複数回答）
——男女別——
【地方移住者（転勤等による移住を除く）】

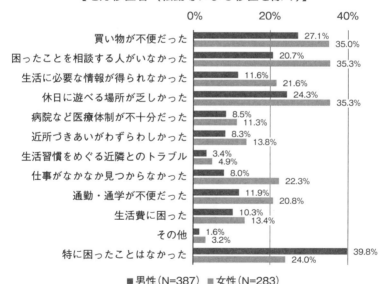

■男性（N=387）　■女性（N=283）

17　なお、地方移住（Iターン）による仕事面・生活面の変化については、労働政策研究・研修機構（2016）の第4章で検討した。仕事面では、Uターンと同様、収入低下はあるものの時間面の負担も減少し、仕事全般の満足度は増加した人も少なくない。生活面では、居住スペース、余暇の時間、精神的なゆとりの増加があるケースが比較的多く、生活の質が向上している人も少なくないことがうかがえた。

移住前の不安でも、女性では、求人の少なさ、収入低下等が不安要素として挙げられていた。調査結果からは、結婚を機に地方に移住するケースも多い女性において、仕事が見つからないなどの問題が生じやすい様子がうかがえる。ハローワークの相談窓口等による就業支援の必要性が高いといえる。

第3節　UIJ ターン促進・支援のあり方

1 Uターン希望の所在

　本節では、UIJ ターン促進・支援のあり方を考える。前節の検討では、地方移住（I ターン）は、男性では就職・転職を機としたものが多いが、やや特定の層に偏っている部分もみられた。また「田舎暮らし志向」の地方移住者は、全体でみると限られたウェイトしか占めないことも示された。こうした事実をふまえると、促進・支援策のターゲットは、U ターンが中心になるだろう。以下では、U ターン促進・支援のあり方を中心に考えていきたい。

　まず、地方圏出身で現在は出身県外に住んでいる者を対象に、出身市町村へのU ターン希望がどのくらいあるのかをみてみよう[18]（図表 4-10）。「戻りたい」（14.5%）、「やや戻りたい」（30.6%）を合わせると、半数近くの県外

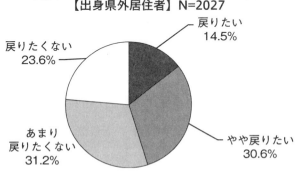

図表 4-10　出身市町村への U ターン希望
【出身県外居住者】N=2027

戻りたい 14.5%
やや戻りたい 30.6%
あまり戻りたくない 31.2%
戻りたくない 23.6%

---

18 「現在、中学卒業時にお住まいだった市区町村、もしくは県に戻りたいご希望はありますか」という設問における「a. 中学卒業時に住んでいた市区町村」への回答を集計している。

居住者に（潜在的な）Ｕターン希望があることがうかがえる。

　では、誰がＵターン希望を強く持っているのか。もしくは、何によってＵターン希望が高まるのか。属性で見ると、男性では、配偶関係によってＵターン希望に大きな違いはみられないが、女性のＵターン希望には配偶者の有無による差があり、未婚女性では、相対的にＵターン希望が低い[19]。

　出身地域による差をみると、同じ「地方」でも、大都市ほど雇用機会の選択肢や労働条件面、生活環境の面で違いがあり、Ｕターン希望に反映される。出身地域別にＵターン希望の程度をみると（図表4-11）、「戻りたい」の割合に地域による差が大きく、同じ「地方」でも大都市の出身者ほどＵターン希望が多い。出身地域の特性（雇用機会の多寡や質、生活環境等）がＵターン希望に関わる可能性がうかがえた。

　なお、Ｕターン希望には、地域の雇用機会が「あること」と同時に、「知っていること」も大きく関わる。高校時代までに地元企業の存在を知っていたかどうかとＵターン希望との関係をみると（図表4-12）、地元企業を「よく知っていた」人ほど「戻りたい」「やや戻りたい」の割合が大きいのに対し、「あまり知らなかった」「全く知らなかった」人ではＵターン希望が少ない。

　なぜ転出前に地元企業を知ることが後々のＵターン希望につながるのか。この点、本稿では地元愛との関係で考えてみたい。Ｕターン希望は出身地へ

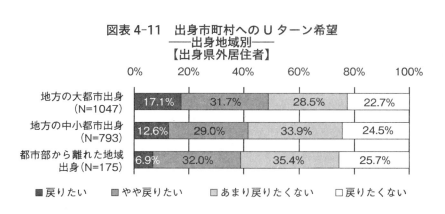

図表 4-11　出身市町村への U ターン希望
——出身地域別——
【出身県外居住者】

■戻りたい　■やや戻りたい　□あまり戻りたくない　□戻りたくない

19　図表は割愛した。労働攻策研究・研修機構（2017）第 3 章の図表3-7 を参照のこと。

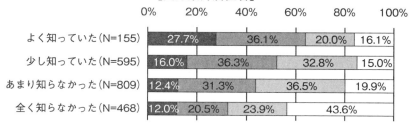

図表4-12　出身市町村へのUターン希望
──高校時代までの地元企業の認知程度別──
【出身県外居住者】

の愛着の程度によって大きく左右される[20]。これは特段説明を要する事柄ではないだろう。では、何が愛着を育むのか。親（実家）との関係、地元の友人関係、地域コミュニティの取組み・一体感など様々な要素が関係すると考えられる。こうした要素に加え、子どものときに地元企業を知ることが地域への愛着につながる可能性、そしてUターン希望につながる可能性があるのではないか、以下でみてみたい。

　この点、高校時代までに地元企業を知っていた程度別に、出身地への愛着の程度をみると（図表4-13）、地元企業を「よく知っていた」人ほど、出身地に強い愛着を持っていることがわかる。愛着の強さはUターン希望の土

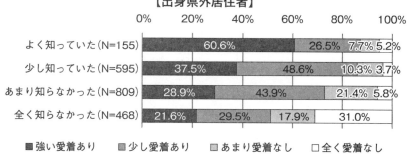

図表4-13　出身市町村への愛着
──高校時代までの地元企業の認知程度別──
【出身県外居住者】

20　労働政策研究・研修機構（2017）第3章の図表3-13を参照のこと。

台となることから、高校時代までに（≒地元を離れる前に）地元企業の存在や魅力をよく知ることが、地元を離れた後も愛着として残り、Ｕターン希望に反映されると考えられる[21]。

　ここで、地元企業を知るといっても、「どのように知るのか」には地域差があると考えられる。例えば、マスメディアで名前を知られるような有名企業は、都市規模が小さいほど限られるだろう。この点、地元企業を知るきっかけとなった出来事を、出身地域別にみてみたい（図表 4-14）。同じ「地方」でも「地方の大都市」では、マスメディア（新聞・ＴＶ等）で地元企業を知る機会が、中小都市クラス以下の規模の地域と比べると多い。これに対し、「中小都市」「都市部から離れた地域」の出身者では、「学校の行事（企業見学等）」「職業体験」のウェイトが大きい。また、都市部から離れた地域では「家族・親族からの情報」「友人・知人からの情報」の占める割合が高いことにも特徴がある。マスメディアに名前が出るような有名企業が少ない地域では、学校行事、職業体験などの機会を積極的に作ることで地元企業の認知を広めることより重要であると言える。加えて、人づての情報、特に親の影響の重要性もうかがえる。親に地元企業がよく知られていないという課題が各地で聞かれるが、あらためて、親に対しての認知度を上げることが、その子どもへの情報提供につながり、中長期的にみてＵターンにつながりうることが示唆された。「地元企業が知られていない」という課題への取組みの方向性を示していよう[22]。

図表 4-14　地元企業を知ったきっかけ——出身地域類型別——
【出身県外居住者】※複数回答

	学校の行事（企業見学等）	職業体験	働いている人の話を個人的に聞く機会	マスメディア（新聞・ＴＶ等）	あなた自身の情報収集	自治体が発行する広報誌	地域で行われたイベント（展示会等）	家族・親族からの情報	友人・知人からの情報
地方の大都市（N＝372）	34.7%	20.7%	16.7%	27.4%	28.2%	10.8%	7.8%	37.1%	20.2%
地方の中小都市（N＝304）	49.7%	24.7%	15.8%	17.8%	26.6%	9.5%	8.6%	36.8%	21.1%
都市部から離れた地域（N＝69）	46.4%	24.6%	15.9%	15.9%	26.1%	8.7%	8.7%	44.9%	29.0%

21　この点は、計量分析を行ったところ、統計的にも確かめられた。補論を参照のこと。

　補論として、出身地へのUターン希望が何によって規定されるのかを、計量分析によって検討する。先にみたように、Uターン希望の程度は、性別やライフコース、出身地域、高校時代までの地元企業認知、出身地域への愛着によって影響を受ける。具体的には、特に未婚女性のUターン希望が弱いこと、同じ「地方出身」でも大都市の出身者ほどUターン希望が強いことに加え、高校時代までに地元企業を知っていた人、出身地域への愛着がある人ほどUターン希望が強いと推測される。なお、地元企業の認知は出身地域への愛着につながり、それがUターン希望に反映される可能性もあった。この点を検討しよう。

　被説明変数は「出身市町村へのUターン希望」とし[23]、分析方法はロジスティック回帰分析とする。投入する変数は、年齢、性別・配偶者有無、最終学歴、就業形態、転職経験の有無、年収、実家との距離[24]、長男・長女かどうか、出身地域、高校時代までに地元企業を知っていた程度であり、モデル2で「出身地域への愛着」を加えて結果の変化を読む形をとった[25]。

　結果をみよう（図表4-15）。まず、モデル1の結果から読む。年齢が高い人ほど、配偶者のいない女性ほど、転職経験がある人ほど、Uターン希望が低い。出身地域で見ると、「地方の大都市」出身者ほどUターン希望が高い。これらに加え、高校時代までに地元企業をよく知っていた人ほどUターン希望が高いことがわかる。

　モデル2で「出身地域への愛着」を追加で投入すると、決定係数が大幅に

22　Uターン希望者において希望する行政支援をみても、「転居費用の支援」「子育て支援」といった金銭的支援以上に、「希望者への仕事情報の提供」を希望する割合が相対的に高い。地元企業の情報はUターンのカギを握っている。労働政策研究・研修機構（2016）の27ページ参照。

23　本設問は「戻りたい」～「戻りたくない」の4件法であるが、分析では、「戻りたい」＝4点～「戻りたくない」＝1点のように点数化して被説明変数とした。

24　「実家との距離」は、「あなたは、次の方と同居または近居されていますか」における「あなたの親」への回答を用いた。具体的には、「同居している」「隣・同じ敷地内」「歩いて行けるところ」「片道1時間以内」をまとめて「片道1時間以内の距離」とし、「片道3時間以内」「片道3時間超」「いない」と比較した。

25　それぞれの変数、もしくは変数のもとになった項目の記述統計については、労働政策研究・研修機構（2016）に所収の［単純集計結果］を参照のこと。

上昇し、出身地への愛着がＵターン希望を大きく規定していることがわかる。加えて注目すべきは、「高校時代までに地元企業を知っていた程度」の係数値が０に近づき、統計的有意性が消滅していることである。先ほどのクロス表の検討で、高校時代までに地元企業を知った程度は愛着と強い関係があることをみたが、計量分析の結果は、高校時代までに（≒転出前に）地元

図表 4-15　出身市町村へのＵターン希望の規定要因
（順序ロジスティック回帰分析）

分析対象	出身県外居住者			
	モデル1		モデル2	
	B	標準誤差	B	標準誤差
年齢	-.031	.011 ＊＊	-.028	.011 ＊
性別・配偶者有無（基準：男性・配偶者なし）				
女性・配偶者なし	-.404	.124 ＊＊	-.625	.132 ＊＊
男性・配偶者あり	.063	.113	-.187	.120
女性・配偶者あり	.251	.135	-.104	.143
最終学歴（基準：中学・高校）				
専門・短大・高専	-.118	.137	-.115	.144
大学・大学院	-.165	.118	-.214	.125
就業形態（基準：正規雇用）				
パート・アルバイト	.025	.162	.035	.173
派遣社員・契約社員	-.269	.158	-.273	.167
雇用以外	-.049	.190	-.131	.202
転職経験あり（基準：経験なし）	-.232	.093 ＊	-.220	.098 ＊
年収（基準：300 ～ 400 万円未満）				
200 万円未満	-.297	.164	-.171	.175
200 ～ 300 万円未満	.083	.146	.066	.154
400 ～ 500 万円未満	.100	.139	.103	.147
500 万円以上	-.149	.131	-.056	.139
実家との距離（基準：片道 1 時間以内の距離）				
片道 1 ～ 3 時間以内の距離	.088	.146	-.018	.154
片道 3 時間超の距離	.137	.134	-.072	.142
親はいない	-.008	.171	-.007	.182
長男・長女（基準：長男・長女以外）	-.073	.092	.092	.097
出身地域（基準：都市部から離れた地域）				
地方の大都市	.385	.152 ＊	.394	.162 ＊
地方の中小都市	.131	.155	.172	.166
高校時代までに地元企業を知っていた程度	.488	.048 ＊＊	.054	.052
出身地域への愛着の程度			1.603	.061 ＊＊
χ 2 乗値	184.884	＊＊	1026.454	＊＊
-2 対数尤度	5056.892		4284.768	
Cox-Snell R2 乗	0.089		0.404	
Nagelkerke R2 乗	0.096		0.434	
N	1982		1982	

＊＊ 1％水準で有意，＊5％水準で有意

企業の存在・魅力を知っていたことが、転出後も出身地への愛着として残り、
Uターン希望につながっていることを示唆している[26]。

2 地域の UIJ ターン促進・支援策

　現在、地方では UIJ ターン促進・支援のために、空き家バンク制度等の
居住支援、子育て支援の拡充、転居費用の助成、無料職業紹介や職業情報提
供などの就業支援といった様々な施策が展開されている。ヒアリング調査を
行った地域の中でも、移住定住支援メニューの充実によって成果を得ている
地域がいくつもみられた。例えば、島根県大田市では、空き家バンク制度の
拡充や産業体験事業などが効果的な対策となり[27]、同市の UI ターン実績に
つながっている。なお、同市では、ハローワークと市役所が場所的にとても
近く、日頃から連携しており[28]、UI ターン者への就業支援が円滑に行われ
ていることも同市の実績に寄与していると考えられる。

　そうした移住定住促進策とともに、中長期的な人材還流を見据えた施策に
も大きな意義がある。以下では、そうした地域の取組みを紹介したい。

①早くからの意識付け——長野県岡谷市——

　まず、地方の中小都市において、早くから地元企業の存在・魅力を知って
もらい、将来的な地元就職に結びつける取組みは、長野県岡谷市が好例であ
る。岡谷市では、将来的な地元企業への就職を促すための早くからの意識付
けに力を入れている[29]。地元の小中高校生などに対し地元企業の魅力や製造

26　別の説明の仕方も考えられよう。転出前から地元意識（愛着）の高かった人ほど、地元企業を
　知ろうとし、それが現在の愛着、Uターン希望まで反映されている可能性である。また、1 時
　点の調査設計では、回顧式の設問ゆえの問題（バイアス）も排除できない。詳細な解明は今後の
　課題としたい。

27　労働政策研究・研修機構（2016）所収の「大田市政策企画部地域振興課定住推進室ヒアリング
　記録」参照。ヒアリング実施は 2016 年 1 月。

28　市役所の就業支援窓口にハローワークが求人情報を提供し、希望者への詳しい職業相談やマッ
　チングについては市役所がハローワークに誘導するなど密接な連携関係にある。労働政策研究・
　研修機構（2016）所収の「ハローワーク石見大田ヒアリング記録」参照。

29　ヒアリング実施は 2015 年 1 月。なお、2017 年 7 月に追加的ヒアリングを行った。

岡谷市：「ものづくりフェア」の様子
（岡谷市提供）

業の楽しさを伝える取組みを行っている[30]。小中学生向けにはじめた「ものづくりフェア」は 15 回（15 年）を数える[31]。また、大学訪問事業を昔から行っているが、最近訪問校数を増やした。岡谷出身者の進学実績のある大学というより、工業系の大学で、岡谷で就職してほしい、就職する可能性のある（中堅）大学を毎年訪問している[32]。さらには、「若者未来の就職応援事業」として、地元の中学校において企業が訪問授業を行っている。職業観の育成、進路選択の手助けなどキャリア教育がメインであるが、地元企業を知ってもらうきっかけづくりの意味合いもある。講師となる企業は製造業だけではない。また、小学生向け企業研究ガイドブック「わたしたちの街おかや：岡谷お仕事ハンドブック」を作成し、小学校 5, 6 年生向けに配布している。このように同市では、就職を考えるはるか前の段階から、地元企業の存在・魅

30　労働政策研究・研修機構（2015a）所収の「岡谷市経済部産業振興戦略室、経済部工業振興課ヒアリング記録」参照。
31　2017 年 7 月のヒアリングより。親の世代の影響や、インターネットで情報を得やすくなって事前に学習してくる子どももいるなど、子どもたちの見方も変わってきたという。ものづくりフェアを体験し、地元就職した子も出てきたという。
32　最近の取組みでは、「就職活動を始める子どもを持つ親向けセミナー」を行ったところ、大学生の親を中心に、当初の予想を大幅に超える約 40 名の参加があったという。子どもの地元就職に関心の強い親が多く、親に向けた働きかけが有効と行政担当者は感じていた。2017 年 7 月の岡谷商工会議所ヒアリングより。

力を知ってもらい、将来的な地元就職に結び付けようという「早くからの意識付け」を図っている。岡谷市が早くから意識付けを図る理由は、製造業の街であり、高校生で文理が決まってからでは遅いという理由からであり、上記の事業は、将来Uターンを考えてくれる層を増やす「種まき事業」と言える。

②働く大人を知ることで地元愛に――福井県大野市――

都市部から離れた地域では、働く場の選択肢がより限られる。人材還流に関していっそう不利な位置にあるといえる。そうした地域ではどのように取り組んでいけばよいだろうか。

この点、福井県大野市の取組みが参考になる[33]。同市では、高校卒業後に大学等に進学する者の多くが、地域の外にいったん出ざるを得ない。そうした中、地域の若者が、地元の魅力を知らず、地元の人とのつながりを持たないまま、あるいは地元での未来の切り開き方を知らないまま地域を離れている状況に危機感をもった。そして、若者に地元の魅力を伝える取組みとして「大野へかえろう」プロジェクトが始まった。特に、同プロジェクトのうち、高校生による地元企業・店舗のポスター制作の取組みは、転出前に地元企業・働く大人を知ってもらうものであり、店主とのふれあいが郷土愛や将来地元で働くイメージづくりにつながる。同プロジェクトでは他に、地元を離れた者へ、地元で働く大人の姿を伝え、地元を思う・帰るきっかけを与え続けるなど[34]、Uターンへのきっかけづくりや道しるべを示すことに力を注いでいる。

なお、大野市の試みはこれにとどまらない。大人たちが田舎である地元に誇りを持てていないことにも問題意識をもっているからだ。ユニセフとの連携による途上国支援など壮大なスケールで行われる「水への恩返し――

33　労働政策研究・研修機構（2016）所収の「大野市企画総務部企画財政課結の故郷推進室ヒアリング記録」参照（157〜161ページ）。ヒアリング時期は2015年10月。なお、2017年6月に追加的なヒアリングを行った。

34　この取組みとして、同市の運営するウェブサイトに「大野大人図鑑」がある。2017年6月の追加的ヒアリングより。

Carrying Water Project――」も、究極的には地域の大人に向けられた取組みという。大野には水資源という誇れるものがあるにも関わらず、地域の大人はその良さ・ありがたさを正当に認識できていなかったりするという。そこで、「水の聖地＝大野」というブランディングを展開し、地域外から良さを「再発見」されることで、地元の意識変革をも狙う。我々はこの取組みから、「地域を誇りに思う心こそが、地域の存続・発展にとって極めて重要」という、当たり前だが忘れられがちなメッセージを受け取る。これは、UIJターンに限らず、地域活性化のあり方を考える上で示唆に富んでいよう。

大野市：「大野へかえろう」プロジェクト（上）
「水への恩返し―Carrying Water Project―」（下）
（大野市提供）

第4節　まとめ

　本章では、UIJターンの実際と希望、その促進・支援のあり方など、地方への人材還流の可能性について議論した。本章の内容をまとめよう。

①Uターンは、22歳時の大卒就職のタイミングがピークだが、30歳頃まで離転職等を機に続く。出身県へのUターンのうちには、県内中心都市へのJターンが多く含まれるなど、都市部から離れた市町村の出身者ほど地元へのUターンが望みにくい面は否めない。また、転職を機としたUターンでは、収入低下を伴う場合もあるが、同時に労働時間や通勤の負担などが軽減され、生活の質向上をもたらす場合が少なくない。

②地方移住（Iターン）は、男性では転職・就職、女性では結婚を機としたものが多い。転職・就職での地方移住は属性にやや偏りがあり、「田舎暮らし志向」の地方移住はボリューム的に小さい。また、特に女性では、移住にともなう生活面の苦労が多いとともに、仕事がなかなか見つからないなどの問題もあり、行政支援の必要度が高い。

③県外居住者にはUターン希望が少なくない。この点、地域の子どもたちが転出前に「働く場」を知ることが、進学等で地元を出た後も出身地への愛着として残り、Uターン希望にも反映される可能性がうかがえる。地元企業の存在・魅力を早くから知ってもらうこと、地元への愛着を育むことは、将来的なUターンの土壌ともなるものである。

④働く場をどのように知らせるのかは、地域の位置づけによって異なる。地方の中小都市や、都市部から離れた地域では、学校の行事（企業見学）や職業体験、もしくは親など家族・親族の情報が特に重要である。

　地方への人材還流の可能性をどう考えたらよいか。本章で検討したように、出身地域の雇用機会（量・質）は、Uターンの決定や希望に多分に反映されると考えられる。その意味で、都市規模が大きいほど有利な位置にあるのは否めない。雇用機会（就職先）の選択肢が豊富にあり、大企業や有名企業も相対的に多いからだ。もっとも、地方の大都市でも大卒文系の受け皿が十分

にないという問題があることから、人材還流のために対応が求められていることに変わりはない[35]。

　地方の中小都市や、都市部から離れた地域は、人材還流において条件はいっそう不利であり、対策が切に求められる。ただ、思い起こしたいのは、仕事における目先の条件だけをみて、人は移動を決めるわけではないことだ。例えばＵターンには、家族・親族の事情やライフコース選択、地域への愛着なども大いに関わる。親をはじめとして、家族・親族、学校や友人、地域の大人といった「地元との絆」が重要といえる。ただ、地元に戻るにしても働く場の見当がつかなければ意思決定には進みにくい。Ｕターン決定・希望には、働く場が「あること」と同時に、働く場を「知っていること」が大事である。Ｕターン就職決定の際に親の役割が大きいことと合わせると、まず親（地域の大人）に地域の良さ、地元企業の良さを認知してもらうよう働きかけ、進学で転出する子どもへの情報提供を促すことが有効な方策と考えられる。こうした取組みがすぐに出身者のＵターンにつながるわけではないが、中長期的に人材還流の流れをつくることに寄与しよう。

　第２章でみたように、高学歴化が進む中、地方ほど「大卒者に見合った仕事がない」という問題が深刻になっている。加えて、若者の仕事選び、特に都市部における大学生の就職活動では、大企業・有名企業志向をはじめとした、仕事のある種の「ランク付け」が内面化されていることも否定できない。それは、地域雇用の観点からは「希望条件のミスマッチ」を必然的に引きおこし、地方就職・Ｕターン就職の大きな妨げとなっている。当の若者にとっても、大企業・有名企業志向の就職は良い面ばかりでなく、早期離職が少なくないなど、価値観の内面化が自身の生き方を狭めている可能性もあるだろう。この点、仕事のランク付けから自由になったときに、当人にとって就くべき仕事、もしくは「やりがい」を発見できる可能性がある。仕事のやりがいは、高収入、大企業・有名企業でないと実現できないわけではない。地方

35　労働政策研究・研修機構（2015c）参照。地方都市における大卒者の就職の受け皿を拡大するためには、大企業の本社機能の地方移転、勤務地限定正社員の拡充、企業の転勤のあり方の見直しなどが必要と議論されている。地方の大都市部は、本調査研究ではメインターゲットとしなかったため、本書において踏み込んだ検討はしなかった。

で活躍する若者の姿からは、その事実を学ぶことができる。

【参考文献】
(第2～4章)

磯田則彦 (1995)「わが国における1980年代後半の国内人口移動パターンと産業構造の変化」『経済地理学年報』第41巻第2号.

伊藤実・金明中・清水希容子・永久寿夫・西澤正樹 (2008)『地域における雇用創造——未来を拓く地域再生のための処方箋』財団法人雇用開発センター.

江崎雄治 (2006)『首都圏人口の将来像——都心と郊外の人口地理学』専修大学出版局.

————— (2007)「地方出身者のUターン移動」『人口問題研究』63-2, pp.1-12.

—————・荒井良雄・川口太郎 (2000)「地方圏出身者の還流移動——長野県および宮崎県出身者の事例——」『人文地理』第52巻第2号, pp.80-93.

—————・山口泰史・松山薫 (2007)「山形県庄内地域出身者のUターン移動」『人口減少と地域——地理学的アプローチ』京都大学学術出版会, 第7章.

太田聰一 (2007)「地域の中の若年雇用問題」労働政策研究・研修機構編『地域雇用創出の新潮流』プロジェクト研究シリーズ No.1, 第3章.

————— (2010)『若年者就業の経済学』日本経済新聞出版社.

大友篤 (1997)『地域分析入門 [改訂版]』東洋経済新報社.

大野晃 (2008)『限界集落と地域再生』北海道新聞社.

岡田知弘 (2005)『地域づくりの経済学入門——地域内再投資力論』自治体研究社.

岡橋秀典 (1990)「「周辺地域」論と経済地理学」『経済地理学年報』第36巻第1号.

小田切徳美 (2009)『農山村再生————「限界集落」問題を超えて』岩波書店.

小内透 (1996)『戦後日本の地域社会変動と地域社会類型——都道府県・市町村を単位とする統計分析を通して』東信堂.

金本良嗣・徳岡一幸 (2002)「日本の都市圏設定基準」『応用地理学研究』第7号.

加茂浩靖 (1998)「わが国における労働市場の地域構造——1985年と1993年の比較考察」『経済地理学年報』第44巻第2号.

————— (2002)「わが国「周辺地域」における県庁所在都市の労働市場特性——宮崎職安管轄区域の看護労働市場の分析を中心として」『経済地理学年報』第48巻第1号.

倉沢進 (1969)『日本の都市社会』福村出版.

黒田達朗・田渕隆俊・中村良平 (2008)『都市と地域の経済学 [新版]』有斐閣.

佐々木洋成 (2006)「教育機会の地域間格差——高度成長期以降の趨勢に関する基礎的検討——」『教育社会学研究』第78集, pp.303-320.

周燕飛 (2007)「都市雇用圏からみた失業・就業率の地域的構造」労働政策研究・研修機構編『地域雇用創出の新潮流』プロジェクト研究シリーズ No.1, 第2章.

千野珠衣 (2013)「薄れる公共事業・工場誘致・観光振興の効果」みずほ総合研究所・岡田豊編著『地域活性化ビジネス——街おこしに企業の視点を活かそう』東洋経済新報社.

中村良平 (2014)『まちづくり構造改革——地域経済構造をデザインする』日本加除出版.

林拓也 (2002)「地域間移動と地位達成」原純輔編著『講座・社会変動第5巻　流動化と社会格差』第4章.

増田寛也編著 (2014)『地方消滅——東京一極集中が招く人口急減』中央公論新社.

宮尾尊弘 (1994)「東京と地方の都市システム」八田達夫編『東京一極集中の経済分析』日本経済新聞社, 第9章.

森川洋 (1998)『日本の都市化と都市システム』大明堂.

山口泰史・荒井良雄・江崎雄治 (2000)「地方圏における若年者の出身地残留傾向とその要因について」『経済地理学年報』第46巻第1号, pp.43-53.

山本尚史 (2010)『地方経済を救うエコノミックガーデニング　地域主体のビジネス環境整備手法』新建新聞社.

労働政策研究・研修機構 (2015a)『地域における雇用機会と就業行動』JILPT 資料シリーズ No.151.

—————————————— (2015b)『若者の地域移動——長期的動向とマッチングの変化——』JILPT 資料シリーズ No.162.

—————————————— (2015c)『企業の地方拠点における採用活動に関する調査』JILPT 調査シリーズ No.137.

——————（2016）『UIJ ターンの促進・支援と地方の活性化——若年期の地域移動に関する調査結果』JILPT 調査シリーズ No.152.

——————（2017）『地方における雇用創出——人材還流の可能性を探る』JILPT 資料シリーズ No.188.

第5章　都道府県の労働力需給の試算──労働力需給の推計（2015 年版）を踏まえて──[1]

第1節　はじめに

　少子高齢化により人口減少過程にある日本において、国内需要の減少にいかに立ち向かい、地方創生、あるいは地域活性化を成し遂げるかは喫緊の課題の1つである。本章の目的は、こうした課題の対応策を検討する上での基本情報を提供するために、地域の労働力需給の将来像を描くことである。

　資源の賦存量の違いなど地域の多様性を鑑みれば、地域の目指す目標やその到達手段は異なるはずである。たとえば人口という資源を軸に考えてみると、人口の減少が進むと見込まれる地域では、人口を増やすために域内の出生率を上げるのか、人口の流出を抑えるのか、人口の流入を促すのか、あるいは、ある程度の人口の減少を受け入れるのかによって採用される方策は異なるだろう。また必ずしも就業の機会を設けて労働力としての人口の増加を期待するとは限らず、就業地に近いベッドタウンとして消費・投資需要や地方税収入を増やすための人口の増加を考えることもありうる。こうした各地域の事情に応じて、就労支援や住宅や育児に関する補助政策のあり方が決まってくるだろう。なお、各地域における近年の具体的な取り組みについては、労働政策研究・研修機構（2015、2016b）に譲ることとする。

　このように多様な地域の労働力需給の将来像を俯瞰的に眺めることを考えた場合、労働力需給に関連する個々の地域の取り組みの成果をすべて取り込むことは困難である。そこで本研究では、以下の4つの想定をおき、都道府県の労働力人口や就業者数の試算を行っている。

　①将来の人口には、過去の実績のトレンドから推計された国立社会保障・

1　本章は、労働政策研究・研修機構（2016a）を整理・改編したものである。詳細を知りたい方は、労働政策研究・研修機構（2016a）を参照していただきたい。

人口問題研究所「日本の地域別将来推計人口」（2013年3月推計）の人口を使用する。

②将来の労働力率は、各都道府県のポテンシャルを考慮しつつ、全国の労働力率の伸びを用いて推計する。

③全国の就業者数に占める各都道府県の構成比は、基本的に過去の実績のトレンドを将来に延長して推計する。

④都道府県の労働力人口や就業者数を合計すると、全国の労働力需給の推計と整合的になる。

以下、次節では労働力需給を推計するシミュレーションの方法及び前提条件、第3節では全国のシミュレーションの結果、第4節では都道府県のシミュレーションの結果をそれぞれ紹介する。

第2節　シミュレーションの方法

この節では、シミュレーションの方法と前提条件について概説する。やや技術的な話になるため、シミュレーションの結果のみに興味がある方は、2.2節のシナリオの前提条件を除いて読み飛ばし、3節に進んでいただいても問題はない。シミュレーションは、まず全国の労働力需給の推計を行い、次に全国の推計結果と整合的になるように都道府県の労働力需給の試算を行うという手順で実施する。

1 全国の労働力需給の推計

全国の労働力需給の推計のためのシミュレーションは、マクロ経済モデル（労働力需給モデル）によって行う[2]。労働力需給モデルは、図表5-1のフローチャートで示されるように、労働力需要、労働力供給及び労働力需給調整の3つのブロックから成っている。労働力需要ブロックでは、労働時間及び生産額デフレータ（ともに外生変数）、名目賃金（内生変数）、生産額を誤差修

2　労働力需給モデルを構成する数式の形やパラメータについては、労働政策研究・研修機構（2016a）を参照していただきたい。

正モデルによる労働力需要関数に与えて労働力需要を産業別に推計する。外生的に与えられる将来の経済成長率と国内総生産の支出項目別、財・サービス別構成比から最終需要を求め、産業連関表の逆行列を乗じることで将来の産業別生産額を推計する。

　労働力供給ブロックでは、性・年齢階級別に求められた労働力率に将来推計人口（国立社会保障・人口問題研究所「日本の将来推計人口」（2012 年 1 月、出生・死亡中位推計））を乗じることで、労働力人口を性・年齢階級別（女性のみさらに有配偶・無配偶他の配偶関係別）に推計する。労働力率を規定すると考えられる進学率、全雇用者に占める短時間雇用者比率、希望者全員が 65 歳まで雇用が確保される企業割合、出生率、男性の家事分担比率（いずれも外生変数）等を労働力率関数に与えて労働力率を性・年齢階級別に推計する。労働力率関数とは、ロジット変換後の労働力率を被説明変数、労働力率の規定要因を説明変数としてパラメータを推定した関係式である[3]。なお、労働力率の規定要因には完全失業率も含まれ、シミュレーションの過程で得られる 1 期前（1 年前）の失業率を使用している。また、同様に規定要因である実質賃金については、その分母の消費者物価は外生変数であるが、分子の名目賃金は内生変数である。

　労働力需給調整ブロックでは、フィリップス曲線の考え方を応用し、有効求人倍率（内生変数）、消費者物価変化率及び交易条件（輸出物価と輸入物価の比）（ともに外生変数）から名目賃金変化率を推計する。また、失業率を被説明変数、有効求人倍率を説明変数としてパラメータを推定した関係式から失業率を性・年齢階級別に推計する。有効求人倍率は、労働力需要ブロックで推計された労働力需要の産業計と労働力供給ブロックで推計された労働力人口の性・年齢階級計の比（労働力需給倍率）を説明変数とする関係式から求める。

　労働力需要ブロックで推計される労働力需要、労働力供給ブロックで推計される労働力人口が労働力需給調整ブロックに与えられて名目賃金変化率が

3　ロジット変換とは、次のような変数変換である。百分率表示の労働力率を Y（%）、ロジット変換後の労働力率を y とすると、$y = \ln (Y / (100 - Y))$。

図表 5-1 労働力需給モデルのフローチャート

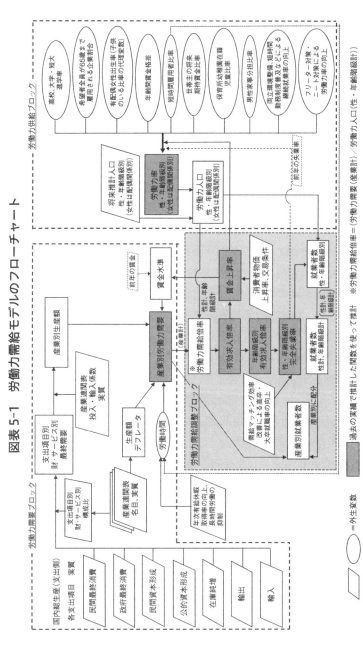

注1：労働政策研究・研修機構（2016a）より転載。
注2：外生変数のうち平行四辺形で示されるものは主に労働力需要ブロック及び需給調整ブロックに係わるものであり、楕円は主に労働力供給ブロックに係わるもの。

決定し、それが労働力需要及び労働力供給ブロックにフィードバックされてそれぞれのブロックの名目賃金を更新する。新たな名目賃金のもとで労働力需要と労働力人口が推計され、再び労働力需給調整ブロックに与えられるというフローで3つのブロックが接合している。名目賃金変化率のフィードバックの前後を比較し、両者にほとんど変化がない（収束した）と見なせる時点でモデル計算が終了したと判断する。収束時点の完全失業率と労働力人口から就業者数を性・年齢階級別に求める。その就業者数の性・年齢階級計を労働力需要の産業構成で配分し、就業者数を産業別に得る。

2　シミュレーションのシナリオ

将来の労働力人口や就業者数を推計する全国のシミュレーションは、政府の成長戦略である「「日本再興戦略」改訂2015」（2015年6月30日閣議決定）[4] の政策目標（KPI）を踏まえた以下のようなシナリオを用意して行っている[5]。

Ⅰ）経済再生・労働参加進展シナリオ

各種の経済・雇用政策を適切に講ずることにより、経済成長と、若者、女性、高齢者等の労働市場への参加が進むシナリオ。

①年率で実質2%程度の経済成長が達成される（「日本再興戦略」では中長期的に実質2%程度の成長を目標としている）。

②「「日本再興戦略」改訂2015」における成長分野のKPIに基づく追加需要を考慮する。

4　「「日本再興戦略」改訂2015」については、以下を参照していただきたい。（2016年6月6日閲覧）

　本文（第一部　総論）http://www.kantei.go.jp/jp/singi/keizaisaisei/pdf/dai 1 jp.pdf

　本文（第二部及び第三部）http://www.kantei.go.jp/jp/singi/keizaisaisei/pdf/dai 2 _ 3 jp.pdf

　工程表 http://www.kantei.go.jp/jp/singi/keizaisaisei/pdf/kouteihyo.pdf

　なお、2016年6月2日に「日本再興戦略2016」が閣議決定されている。

5　これら2つのシナリオの他に、経済・雇用政策を講じることによって実質1%程度の経済成長が実現し、労働市場への参加が一定程度進む場合（ベースライン・労働参加漸進シナリオ）についても、参考までに推計を実施している。そのシミュレーションの結果については、労働政策研究・研修機構（2016a）の補論を参照していただきたい。

③「社会保障に係る費用の将来推計の改定」（2012 年 3 月）における改革後の医療・介護費用を考慮する。

④フリーター・ニート対策、高卒・大卒者のマッチング効率改善により、若年者の労働力率・就業率が向上する。

⑤年齢平均に対する若年者の賃金格差が一定程度縮小することにより、若年者の労働市場への参加が進む。

⑥希望者全員が 65 歳まで雇用の確保される企業割合が 2025 年には 100％まで高まり、高齢者の働く環境が整う。

⑦保育所・幼稚園に在籍する児童比率が上昇し、女性の労働市場への参加が進む。

⑧両立環境の整備により女性の継続就業率が向上する。

⑨短時間勤務制度の普及等により高齢者の継続就業率が向上する。

⑩男性の家事分担比率が上昇する。

⑪多様な雇用の受け皿が整備されることに伴い短時間雇用者の比率が高まる他、長時間労働の抑制等により平均労働時間も短縮する。

Ⅱ）ゼロ成長・労働参加現状シナリオ

　ゼロ成長に近い経済成長で、性・年齢階級別の労働力率が現在（2014 年）と同じ水準で推移すると仮定したシナリオ。

①ゼロ成長に近い経済状況（2015 年までは年率で実質 1％程度の経済成長率であり、2016 ～ 2020 年は「平成 28 年度以降 5 年間を含む復興期間の復旧・復興事業の規模と財源について」（2015 年 6 月 30 日閣議決定）の年平均の財政規模と同程度の成長率となる。そして、2021 年以降ゼロ成長になる。）を想定する。

②「「日本再興戦略」改訂 2015」における成長分野の KPI に基づく追加需要を考慮しない。

③「社会保障に係る費用の将来推計の改定」における改革後の医療・介護費用をゼロ成長に近い経済状況を踏まえて考慮する。

④現在（2014 年）の性・年齢階級別の労働力率が、将来も変わらない。

　各シナリオの想定をもう少し詳細に見てみよう。第1に、経済成長率及び物価変化率は図表5-2のように想定している。経済再生・労働参加進展シナリオの想定では、内閣府「中長期の経済財政に関する試算」（2015年7月22日経済財政諮問会議提出）の経済再生シナリオにおける実質経済成長率、国内企業物価変化率及び消費者物価変化率の試算値（2014〜2017年及び2017〜2023年の2期間に分け、それぞれの期間について年平均値を適用）を使用している。2024〜2030年の経済成長率については、内閣府試算に基づく2019〜2023年の人口1人当たり経済成長率（年平均）が2024〜2030年も維持されると想定し[6]、人口の減少分だけ2019〜2023年の経済成長率（年

図表 5-2　経済成長率及び物価変化率の想定

実質経済成長率（%、年平均）

| | 実績 2005-14 | 内閣府試算対象期間 | | | | JILPT想定 2023-30 | 2014-20 | 2020-30 | 2014-30 |
| | | 2014-17 | | 2017-23 | 2019-23 | | | | |
		2014-15	2015-17						
経済再生シナリオ	0.4	1.3		2.3	2.3	2.2	1.8	2.2	2.1
ゼロ成長シナリオ		1.1	0.5	0.1	0.1	0.0	0.5	0.0	0.2

総人口1人当たり実質経済成長率（%、年平均）

| | 実績 2005-14 | 内閣府試算対象期間 | | | | JILPT想定 2023-30 | 2014-20 | 2020-30 | 2014-30 |
| | | 2014-17 | | 2017-23 | 2019-23 | | | | |
		2014-15	2015-17						
経済再生シナリオ	0.5	1.6		2.8	2.9	2.9	2.2	2.9	2.6
ゼロ成長シナリオ		1.4	0.8	0.6	0.6	0.7	0.6	0.6	0.7

消費者物価指数変化率（%、年平均）

| | 実績 2005-14 | 内閣府試算対象期間 | | | JILPT想定 2023-30 | 2014-20 | 2020-30 | 2014-30 |
		2014-17	2017-23	2019-23				
経済再生シナリオ	0.3	1.8	2.0	2.0	2.0	1.9	2.0	2.0
ゼロ成長シナリオ		1.6	0.0	0.0	0.0	0.0	0.0	0.3

国内企業物価変化率（%、年平均）

| | 実績 2005-14 | 内閣府試算対象期間 | | | JILPT想定 2023-30 | 2014-20 | 2020-30 | 2014-30 |
		2014-17	2017-23	2019-23				
経済再生シナリオ	0.8	1.0	1.1	1.2	1.2	1.1	1.2	1.1
ゼロ成長シナリオ		0.9	0.0	0.0	0.0	0.4	0.0	0.2

注1：労働政策研究・研修機構（2016a）より一部転載。
注2：実績値（ただし、2014年は内閣府試算値）及び内閣府試算（経済再生シナリオ）は、内閣府「中長期の経済財政に関する試算」(2015年7月22日経済財政諮問会議提出）、総務省「人口推計」、及び国立社会保障・人口問題研究所「日本の将来推計人口(2012年1月出生・死亡中位推計)」より算出。2024年以降は、2019〜2023年における総人口1人当たり実質経済成長率、消費者物価指数変化率及び国内企業物価変化率の年平均値でそれぞれ推移すると想定。ゼロ成長シナリオは、労働政策研究・研修機構（2016a）における想定値。

6　本研究では、2017年の消費税率の引き上げが経済成長に与えるショックが落ち着くと見られる2019年以降、経済・雇用政策の実施が継続されることにより同程度の伸びで、2024年以降も安定的に経済が成長すると想定している。なお、内閣府「中長期の経済財政に関する試算」（2015年7月22日経済財政諮問会議提出）は、消費増税が2017年から延期されることが表明される前に公表されたものである。

平均）よりも低下すると見込んでいる。2024 ～ 2030 年の物価変化率については、内閣府試算に基づく 2019 ～ 2023 年の年平均変化率のまま 2024 ～ 2030 年も推移すると想定している。

　一方、ゼロ成長・労働参加現状シナリオでは、2015 年までは内閣府「中長期の経済財政に関する試算」（2015 年 7 月 22 日経済財政諮問会議提出）におけるベースラインシナリオの試算値（2014 ～ 2017 年の年平均値を適用）を使用している。2016 ～ 2020 年の経済成長率は、「平成 28 年度以降 5 年間を含む復興期間の復旧・復興事業の規模と財源について」（2015 年 6 月 30 日閣議決定）の年平均の財政規模と同程度の成長率とし、2021 年以降の経済成長率はゼロと想定する。なお、物価変化率については、2017 年までベースラインシナリオと同じ物価変化率の想定であり、2017 年以降にゼロになるとしている[7]。

　第 2 に、経済再生・労働参加進展シナリオでは、「「日本再興戦略」改訂 2015」における成長分野の KPI に基づく追加需要を以下のように考慮している。ゼロ成長・労働参加現状シナリオでは、これらの KPI は考慮していない。なお、医療・介護費用については、「社会保障に係る費用の将来推計の改定」（2012 年 3 月）に基づいて想定している。

＜経済再生・労働参加進展シナリオに取込んだ成果目標（KPI）及び医療・介護費用[8]＞

①健康増進・予防、生活支援関連産業の需要額（2020 年）が 10 兆円（2011 年比 6 兆円増）。

②医薬品、医療機器、再生医療の医療関連産業の需要額（2020 年）が 16 兆円（2011 年比 4 兆円増）。

③日本企業が獲得する内外のエネルギー関連市場規模（2020 年）が 26 兆円（2012 年比 18 兆円増）。うち国内は 10 兆円（2012 年比 6 兆円増）、海外は 16 兆円（2012 年比 12 兆円増）。2030 年に国内市場規模が 11 兆

7　内閣府「中長期の経済財政に関する試算」（2015 年 7 月 22 日経済財政諮問会議提出）は、消費増税が 2017 年から延期されることが表明される前に公表されたものである。

8　「「日本再興戦略」改訂 2015」において具体的な成果目標が掲げられているが、本研究では取り上げられていない分野があることには注意が必要である。

円（2012 年比 7 兆円増）。

④インフラシステムの海外受注額（2020 年）が 19.5 兆円（2010 年比 13.6 兆円増）[9]。うち、医療分野の受注額は 1.5 兆円（2010 年比 1 兆円増）。医療分野の受注額は、2030 年に 5 兆円。国内市場規模は、2020 年に 16 兆円（2010 年比 14 兆円増）、2030 年に 33 兆円（2010 年比 31 兆円増）。

⑤6 次産業の需要額（2020 年）が 10 兆円（2010 年比 9 兆円増）。2015 年に 3 兆円（2010 年比 2 兆円増）。

⑥農業・食料品製造業の輸出額が 2020 年に合計 1 兆円、2030 年に合計 5 兆円に増加。

⑦訪日外国人旅行者が 2017 年に 2,000 万人、2028 年に 3,000 万人以上に達成。訪日外国人旅行者が 2,000 万人に達する時点での旅行消費総額を 4 兆円に増加。

⑧医療・介護費用の家計と政府負担分合計が 2015 年に改革後 57.1 兆円、2020 年に改革後 69.9 兆円、2025 年に改革後 83.1 兆円[10]。

　第 3 に、主に労働力供給を規定する要因の将来想定は、図表 5-3 の通りである。図表 5-3 の表側にある項目のうち、進学率、出生率、男性の家事分担比率、保育所・幼稚園在籍児童比率（0 〜 6 歳人口に占める保育所・幼稚園に在籍する児童比率）、65 歳まで雇用が確保される企業割合、短時間雇用者比率、年齢間賃金格差（当該年齢階級賃金／年齢計賃金）、世帯主の将来期待賃金比率（男性 45 〜 49 歳賃金／男性 25 〜 29 歳賃金）[11]は労働力率関数の説明変数（労働力率を規定する要因）である。経済再生・労働参加進展シナリオでは、これらの他に、若年者雇用対策の効果として、フリーター対策・ニートの就職等進路決定によって労働力率が向上する効果、及び需給マッチ

9　2020 年の海外のインフラシステム受注額は、目標値 30 兆円からエネルギー・医療を除いた値。
10　医療・介護費用は、社会保障に係る費用の将来推計値に自己負担分を加えた値。
11　世帯における核所得者の将来賃金に対する上昇期待は、非核所得者の労働力率を下げる要因として考える。通常、この説明は既に世帯を一つにしている非核所得者の労働力率についてなされるものであるが、ここでは、将来核所得者になるであろう男性の将来賃金に対する上昇期待が、将来非核所得者になるであろう未婚女性の労働力率を下げるものとして考えている。ただし、世帯主の将来期待賃金比率は 2014 年値で将来も一定と想定しているため、将来の女性の労働力率には影響を与えない。

図表5-3　労働市場参加ケースの設定

		労働参加進展	労働参加現状
		労働市場への参加が進むケース	労働市場への参加が進まないケース（労働力率固定ケース 2014年）
基本変化のなし数値	高校進学率（男性） 高校進学率（女性） 大学・短大進学率（男性） 大学・短大進学率（女性）	ロジスティック曲線を当てはめて2030年まで延長	
	有配偶出生率	2014年以降は、国立社会保障・人口問題研究所「日本の将来推計人口（2012年1月推計）」における出生（中位、5年毎）を使用（中間年は、直線による補間）	
若年対策	フリーター対策・ニートの就職など進路決定による労働力率の向上	2014年時点でフリーター・ニートの就職など進路決定に伴う若年層の労働市場参加が促進されると想定して、男女15-19歳、20-24歳、25-29歳、30-34歳について、2020年に0.01～0.17ポイントアップを想定（中間年は、直線による補間）	
	需給マッチング効果改善による高卒・大卒就職率の向上	需給マッチング効果改善に伴い就職率が促進されると想定。15-19歳の就業率について、2020年に0.35ポイント（女）、0.42ポイント（男）、2030年に0.62ポイント（女）、0.74ポイント（男）。20-24歳の就業率について、2020年に0.62ポイント（男）、0.78ポイント（女）、2030年に想定	
女性・育児のM字対策	両立環境整備による常用雇用継続就業率の向上	両立環境の整備に伴い出産・育児理由の離職が減少すると想定して、継続就業率が高まる結果、2020年に正規雇用化、2030年に20ポイント、15ポイントアップを想定	女性（有配偶） 継続就業率が高まる結果、2020年に15ポイント、2030年に20ポイントアップを想定
	男性の家事分担比率	労働時間短縮・意識変化などに伴う夫の家事分担割合の増加。2030年に37.2%相当まで男性の家事分担割合が上がると想定	夫の意識変化などに伴う男性の家事分担割合の増加。その効果分について妻の家事分担割合が減少、その分保育の受け皿整備による待機児童解消割合
	保育所・幼稚園在籍児童比率	2014年の54.2%からトレンド延長（2030年に65.2%）。2017年まで保育の受け皿整備を考慮	2014年の54.2%からトレンド延長（女）、65.2%（男）。短時間勤務制度普及及び促進（中間年は直線補間）
高齢対策	短時間勤務制度普及及び促進保育の受け皿整備される企業割合	男女とも65～69歳の労働力率について、短時間勤務制度普及及び促進（中間年は直線補間）（男）、2030年で0.8ポイント（女）、アップすると想定（中間年は直線補間）、2030年で0.4ポイント（女）、0.4ポイント	
	65歳まで雇用が確保される企業割合	2025年には100%の企業割合まで延長	
施策ワンプッシュなど他のアプローチ導入	平均労働時間 フルタイム	2014年の月間154.9時間から2030年に150.0時間まで短縮	2014年の月間154.9時間から将来も一定
	平均労働時間 フルタイム	2014年の月間177時間から2020年に175.5時間、2030年に171.9時間になるように減少（中間年は直線補間）	2014年の月間177時間で将来も一定
	平均労働時間 短時間雇用者	2014年の月間88.5時間から2030年に110.6時間になるように増加（中間年は直線補間）	2014年の月間88.5時間で将来も一定
	短時間雇用者比率	2030年に40.3%（短時間雇用者比率にロジスティック曲線を当てはめて求められたもの）	2014年の短時間雇用者比率（29.8%）で一定
	正規雇用化などによる年齢間賃金格差の縮小	2030年時点で15-19歳で格差の10%、20-24歳で格差の10%、25-29歳、30-34歳では10%格差が縮小するように、年々値となるよう直線補間	
	世帯主の将来期待賃金（男性45～49歳賃金／男性20～24歳賃金）	2014年の値（1,870）で一定	

注1：労働政策研究・研修機構（2016a）より一部転載。
注2：労働参加進展ケースにおけるフリーター対策等を考慮。若年フリーター数を2020年までに124万人にする。地域若者サポートステーション事業によるニートの進路決定者数を2020年までに毎年1万6千人にする（推計では進路決定者のうち約83%が就職するものと想定。
注3：労働参加進展ケースにおける両立環境の整備による継続就業率の向上には、「日本再興戦略」の成果目標前後における第1子出産前後の継続就業率を55%にすることを考慮。
注4：労働参加進展ケースにおける保育の受け皿・幼稚園待機児童解消には、「日本再興戦略」の成果目標である2013、2014年度で約20万人分の保育の受け皿を整備し、これと合わせて2013～2017年度で40万人の保育の受け皿を整備するよう設定。
注5：労働参加進展ケースにおける労働時間の短縮には、労働政策審議会の分科会で審議された割合以上の雇用者の割合を2020年までに60時間以上とする。週労働時間60時間以上の雇用者の割合を2020年までに5割にする（2008年は1割）。

成果目標及び労働政策審議会の分科会で審議された成果目標前後における継続就業率を55%にすることを考慮。（2013年6月14日閣議決定）。「日本再興戦略」の成果目標前後における第1子出産前後の継続就業率を55%にすることを考慮。（2013年6月14日閣議決定）。「日本再興戦略」の成果目標である2013、2014年度で約20万人分の保育の受け皿を整備し、これと合わせて2013～2017年度で40万人分の保育の受け皿を整備するよう設定。年次有給休暇取得率を2020年までに70%にする（2030年は10%）。年次有給休暇取得率を2020年までに70%にする（2008年比5割にする）（2008年は10%）。

136

ング効率改善で高卒・大卒就職率が高まることよって就業率が向上する効果を見込んでいる。さらに、女性の年齢階級別労働力率のグラフを描いた際にできる M 字カーブの谷の年齢層向けの雇用対策の効果として、両立環境整備で継続就業率を高めることによって労働力率が向上する効果を、高齢者雇用対策の効果として、短時間勤務制度普及等で継続就業率を高めることによって労働力率が向上する効果をそれぞれ見込んでいる。なお、平均労働時間は労働力需要を決める要因であり、経済再生・労働参加進展シナリオでは将来の労働者全体の労働時間が 2014 年より減少する想定になっているが、ゼロ成長・労働参加現状シナリオでは 2014 年と同じ水準で推移する想定である。

3　都道府県の労働力需給の試算

　2.2 節のシナリオの想定のもと、2.1 節の方法によって推計された将来の全国の労働力人口や就業者数を都道府県別に配分する。配分は、図表 5-4 のフローチャートのように行う。

　全国の労働力需給の推計において起点となる実績値の年次は、2014 年である。しかし、2014 年における都道府県別の労働力人口や就業者数を、公表されている統計データから性・年齢階級別に、あるいは労働力需給モデルの分類で産業別に入手することはできない。総務省「労働力調査」の特別集計値をそのまま使うこともできるが、そもそも「労働力調査」は都道府県別に集計された結果を表章できるような標本設計になっていないという問題がある。そこで、「労働力調査」の地域ブロック別特別集計値及びその 2010 ～ 2014 年の変化率（労働力率はロジット変換後の増分）を用い、2014 年における全国の性・年齢階級別労働力人口及び産業別就業者数と整合的になるように、2010 年の総務省「国勢調査」の都道府県別、性・年齢階級別労働力率及び産業別就業者数を 2014 年に延長する [12]。

　将来の労働力供給の推計では、以下の方法で全国の性・年齢階級別労働力

12　都道府県別の労働力需給の推計において、全国の推計値と整合的になるように調整を行うときは、専ら RAS 法を用いている。

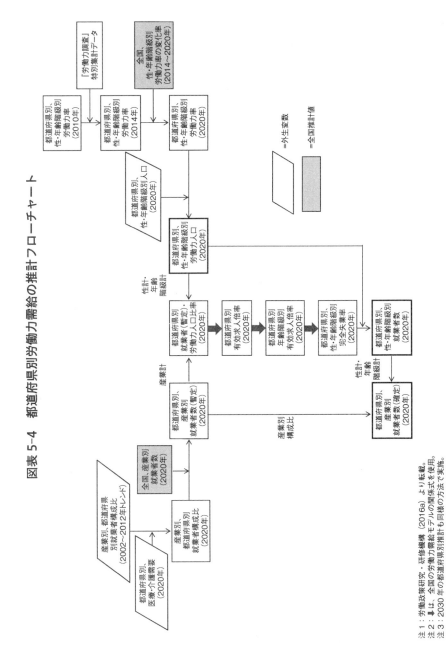

図表 5-4　都道府県別労働力需給の推計フローチャート

注1：労働政策研究・研修機構（2016a）より転載。
注2：■は、全国の労働力需給モデルの関係式を使用。
注3：2030年の都道府県別推計も同様の方法で実施。

人口を都道府県別に配分する。2014～2020年における全国の性・年齢階級別労働力率（ロジット変換後）の増分を用いて2014年の都道府県別、性・年齢階級別労働力率を2020年に延長し、それに国立社会保障・人口問題研究所「日本の地域別将来推計人口」（2013年3月推計）の将来推計人口を乗じたものの合計が2020年における全国の性・年齢階級別労働力人口と整合的になるように都道府県別、性・年齢階級別労働力人口を調整する。

　将来の労働力需要の推計では、全国の産業別就業者数を都道府県別に配分するが、その際には都道府県別の労働力の需給バランスを考慮する。まず、総務省「就業構造基本調査」から2002～2012年における産業別就業者数の都道府県別構成比を求め、その指数トレンドによって2020年の産業別就業者数の都道府県別構成比を推計し、2020年における全国の産業別就業者数を都道府県別に配分する。ただし、医療・福祉の場合は、2014～2030年の医療・介護費用の指数トレンドを踏まえて、2014年の医療・福祉就業者数の都道府県別構成比を2020年に延長し、2020年の全国の医療・福祉就業者数を配分する。都道府県別医療・介護費用は、厚生労働省「医療給付実態調査」「介護給付費実態調査」から算出した2013年度の全国の年齢階級別1人当たり医療・介護費用に、2014年、2020年及び2030年の都道府県別、年齢階級別人口（総務省「人口推計」、国立社会保障・人口問題研究所「日本の地域別将来推計人口」（2013年3月推計））を乗じて推計する。なお、介護・介護予防サービス受給率については、都道府県間の差を考慮している。以上の方法で得られる就業者数は、労働力の需給バランスが考慮されていない暫定的な産業別就業者数である。次に、この暫定的な就業者数の産業計及び労働力人口の性・年齢階級計の比率を求め、全国の労働力需給モデルの労働力需給調整ブロックにおける関数を用いて、性・年齢階級別完全失業率を都道府県別に求める。そして、先に求めた都道府県、性・年齢階級別労働力人口に（100％－完全失業率）を乗じて性・年齢階級別就業者数を推計する。暫定的な都道府県別、産業別就業者数を全国の産業別就業者数及び都道府県別就業者数の性・年齢階級計と整合的になるように調整し、都道府県別、産業別就業者数が確定する。

　なお、2030年の推計についても、起点が2014年ではなく2020年に変更

されるだけで同様の方法で行う。

第3節　全国の将来に関するシミュレーション結果

　都道府県別の将来像を考える前に、日本全国の労働力需給に関するシミュレーション結果を見てみよう。

　シミュレーション結果の概要（図表5-5）について触れると、ゼロ成長・労働参加現状シナリオにおける2030年の労働力率、労働力人口、就業率及び就業者数は、いずれも2014年の水準よりも低くなる見込みである。2030年の労働力人口は5,800万人となり、2014年の6,587万人よりも787万人減少する。また、2030年の就業者数は5,561万人と2014年の6,351万人から790万人減少する。

　一方、経済再生・労働参加進展シナリオでは、2030年の労働力率及び就業率が2014年の水準よりも高くなり、労働力人口及び就業者数の2014年からの減少幅がゼロ成長・労働参加現状シナリオよりも小さくなる見込みである。2030年の労働力人口は6,362万人、就業者数は6,169万人である。経済再生・労働参加進展シナリオでは、女性のM字カーブ対策、ワークライフ・バランス関連施策及び高齢者雇用対策が充実するため、就業者数に占める女性比率（44.4％）及び65歳以上の比率（13.3％）が2014年の水準（43.0％

図表 5-5　全国のシミュレーション結果の概要

		2014年	2030年	
		実績	ゼロ成長 ・参加現状	経済再生 ・参加進展
労働力率	％	59.4	55.5	60.8
労働力人口	万人	6,587	5,800	6,362
就業率	％	57.3	53.2	59.0
就業者数	万人	6,351	5,561	6,169
うち女性比率	％	43.0	43.0	44.4
うち65歳以上比率	％	10.7	11.3	13.3

注：労働政策研究・研修機構（2016a）に基づき筆者作成

及び 10.7％）よりも高くなる。なお、人口の高齢化がさらに進むため、ゼロ成長・労働参加現状シナリオでも就業者数に占める 65 歳以上の比率は 11.3％まで高まる。

2　性・年齢階級別の労働力率及び就業者数の見通し

　図表 5-6 は、2014 年及び 2030 年の男性の年齢階級別労働力率を示したものである。ゼロ成長・労働参加現状シナリオは、2014 年の労働力率が将来も一定で推移という想定であるので、その 2030 年値は 2014 年と同じである。一方、若年層や高齢層の雇用政策が充実する経済再生・労働参加進展シナリオでは、これらの年齢層の労働力率が 2014 年よりも高くなる見込みである。とりわけ、60 歳以上の高齢者層の伸びが大きい。

　図表 5-7 は、2014 年及び 2030 年の女性の配偶関係別・年齢階級別労働力率を示したものである。経済再生・労働参加進展シナリオでは、女性の M 字カーブ対策及びワークライフ・バランス関連施策が充実するため、とくに有配偶女性の 25 ～ 44 歳の労働力率の伸びが大きくなっている。無配偶他の女性の労働力率は、経済再生・労働参加進展シナリオで若年層や高齢層以外

図表 5-6　男性の年齢階級別労働力率の見通し（単位：％）

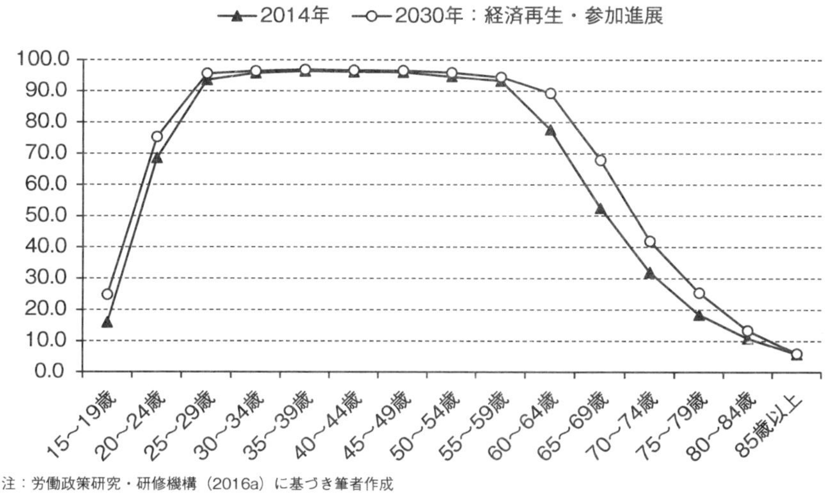

注：労働政策研究・研修機構（2016a）に基づき筆者作成

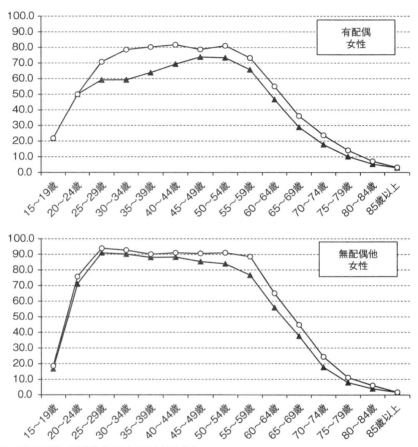

図表 5-7 女性の配偶関係別・年齢階級別労働力率の見通し（単位：%）

注：労働政策研究・研修機構（2016a）に基づき筆者作成

　の年齢層でも伸びていることが確認できるが、傾向は概ね男性の労働力率と似ている。本節の図表では示していないが、有配偶と無配偶他を集計した女性全体の年齢階級別労働力率の図を描くと、経済再生・労働参加進展シナリオでは M 字カーブの谷が解消される結果になっている。

　図表 5-8 は、2014 年、2020 年及び 2030 年の年齢階級別就業者数である。推計は年齢 5 歳階級別に行っているが、ここではそれを集計した結果を示し

ている。

　男性の若年層（35歳未満）の就業者数は、ゼロ成長・労働参加現状シナリオで2030年に752万人となり、2014年の900万人から148万人減少する見込みである。若年雇用対策が進む経済再生・労働参加進展シナリオでは、2014年からの減少幅（89万人減）が縮小し、2030年に811万人になる。一方、女性の若年層の就業者数は、ゼロ成長・労働参加現状シナリオで2030年の628万人となって、2014年の744万人から116万人減少する。若年雇用対策に加えて女性のM字カーブ対策が充実する経済再生・労働参加進展シナリオでは、2030年に701万人と男性同様2014年からの減少幅（43万人減）が縮小する。

　ゼロ成長・労働参加現状シナリオでは、2030年における女性の35〜64歳及び男女の65歳以上の就業者数（それぞれ1,522万人、384万人及び244

図表5-8　年齢階級別就業者数の見通し（単位：万人）

			2014年	2020年	2014年との差	ゼロ成長・参加現状との差	2030年	2014年との差	ゼロ成長・参加現状との差
ゼロ成長、労働市場への参加が進まないシナリオ（ゼロ成長・労働参加現状シナリオ）	男女計	計（15歳以上）	6,351	6,046	-305		5,561	-790	
		15〜34歳	1,644	1,503	-141		1,380	-264	
		35〜64歳	4,027	3,849	-178		3,553	-474	
		65歳以上	681	694	13		627	-54	
	男性	計（15歳以上）	3,621	3,435	-186		3,167	-454	
		15〜34歳	900	819	-81		752	-148	
		35〜64歳	2,308	2,192	-116		2,031	-277	
		65歳以上	414	423	9		384	-30	
	女性	計（15歳以上）	2,729	2,611	-118		2,394	-335	
		15〜34歳	744	683	-61		628	-116	
		35〜64歳	1,719	1,657	-62		1,522	-197	
		65歳以上	268	271	3		244	-24	
経済成長、労働市場への参加が進むシナリオ（経済再生・労働参加進展シナリオ）	男女計	計（15歳以上）	6,351	6,381	30	335	6,169	-182	608
		15〜34歳	1,644	1,575	-69	72	1,512	-132	132
		35〜64歳	4,027	4,017	-10	168	3,838	-189	285
		65歳以上	681	789	108	95	820	139	193
	男性	計（15歳以上）	3,621	3,582	-39	147	3,427	-194	260
		15〜34歳	900	844	-56	25	811	-89	59
		35〜64歳	2,308	2,251	-57	59	2,115	-193	84
		65歳以上	414	486	72	63	502	88	118
	女性	計（15歳以上）	2,729	2,799	70	188	2,742	13	348
		15〜34歳	744	730	-14	47	701	-43	73
		35〜64歳	1,719	1,766	47	109	1,723	4	201
		65歳以上	268	303	35	32	318	50	74

注：労働政策研究・研修機構（2016a）に基づき筆者作成

万人）は、2014年よりも減少する（それぞれ2014年比197万人減、30万人減及び24万人減）。これに対し、経済再生・労働参加進展シナリオでは、女性のM字カーブ対策、高齢者雇用対策及びワークライフ・バランス関連施策が充実するため、女性の35〜64歳及び男女の65歳以上の就業者数（それぞれ1,723万人、502万人及び318万人）は、2014年よりも増加する見込みである（それぞれ2014年比4万人増、88万人増及び50万人増）。

3 産業別の就業者数の見通し

　図表5-9は、2014年、2020年及び2030年の産業別就業者数である。経済再生・労働参加進展シナリオでは、日本再興戦略における成長分野と関連する農業、製造業、情報通信業、その他のサービスの2020年の就業者数が2014年よりも増加する結果となっている。このうち、2030年においてもなお2014年よりも就業者数が増加するのは、情報通信業とその他のサービスである。医療・福祉の就業者数は、ゼロ成長・労働参加現状、経済再生・労働参加進展のいずれのシナリオにおいても、2030年まで増加する。

図表5-9　産業別就業者数の見通し（単位：万人））

| | 実績 | 推計 | | | | 2014年との差 | | | |
| | | 2020年 | | 2030年 | | 2020年 | | 2030年 | |
	2014年	ゼロ成長・参加現状	経済再生・参加進展	ゼロ成長・参加現状	経済再生・参加進展	ゼロ成長・参加現状	経済再生・参加進展	ゼロ成長・参加現状	経済再生・参加進展
農林水産業	230	222	244	176	216	-8	14	-54	-14
鉱業・建設業	505	461	477	416	424	-44	-28	-89	-81
製造業	1,004	961	1,029	874	986	-43	25	-130	-18
電気・ガス・水道・熱供給	29	27	29	26	28	-2	0	-3	-1
情報通信業	206	221	231	220	242	15	25	14	36
運輸業	317	297	311	278	302	-20	-6	-39	-15
卸売・小売業	1,100	1,020	1,060	847	956	-80	-40	-253	-144
金融保険・不動産業	234	209	221	177	206	-25	-13	-57	-28
飲食店・宿泊業	328	285	309	233	300	-43	-19	-95	-28
医療・福祉	747	808	858	910	962	61	111	163	215
教育・学習支援	298	265	275	221	237	-33	-23	-77	-61
生活関連サービス	162	147	158	118	155	-15	-4	-44	-7
その他の事業サービス	360	331	355	309	342	-29	-5	-51	-18
その他のサービス	449	443	456	442	470	-6	7	-7	21
公務・複合サービス・分類不能の産業	382	349	368	313	344	-33	-14	-69	-38
産業計	6,351	6,046	6,381	5,561	6,169	-305	30	-790	-182

注：労働政策研究・研修機構（2016a）に基づき筆者作成

第4節　地域の将来に関するシミュレーション結果

1 性・年齢階級計の労働力人口及び労働力率の見通し

　2014年の労働力人口が相対的に多い地域は、人口の集中する大都市圏である（図表5-10）[13]。労働力人口の規模は労働力率の水準にも依存するため、2014年の人口及び労働力率を見ると、北海道や兵庫では労働力率が相対的に低いが、人口が多く、結果として労働力人口が多くなっている。広島や福岡も労働力率は高い方ではなく、同様である。一方、石川、福井、山梨では労働力率は高いが、人口が相対的に少ないため、労働力人口は少なくなる。

図表5-10　性・年齢階級計の労働力人口、人口、労働力率
　　　　　（2014年、都道府県別）

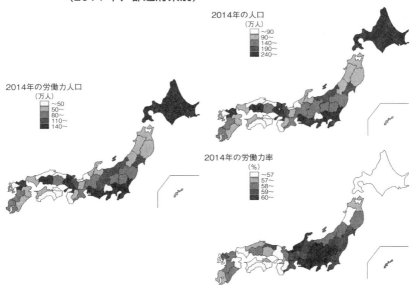

注：労働政策研究・研修機構（2016a）に基づき筆者作成

13　都道府県の労働力需給の全体像については、すでに労働政策研究・研修機構（2016a）や中野（2016）で概説されていることから、本節を読んで関心をもたれた方はそれらも参照していただきたい。

山陰や四国の大半、近畿や九州の一部の地域では、概して労働力率及び人口のいずれの水準も低いために労働力人口が相対的に少なくなっている。

　当然ながら将来の労働力人口の変化も、人口及び労働力率の変化の影響を受ける。図表 5-11 は、ゼロ成長・労働参加現状シナリオにおける労働力人口、人口、労働力率の 2014 ～ 2030 年の変化を示したものである。労働力人口は、沖縄、滋賀、愛知、東京、神奈川といった地域で減少率が相対的に低くなっている。これらのうち東京以外は、いずれも将来人口が増加する見込みである。滋賀、愛知、東京は労働力率の低下幅が相対的に小さいが、沖縄と神奈川では低下幅が大きい。性・年齢階級計の労働力率が低下する理由は、性・年齢階級間で相対的に労働力率の低い属性の人口比率が高まることである。たとえば、高齢化が進めば、壮年層及び中年層よりも相対的に労働力率が低い高齢層の人口比率が高まるため、性・年齢階級計の労働力率は低下する。労働力人口の減少率が相対的に高い地域を見ると、東北の大半、近畿、山陰、四国の一部が該当する。東北地域は、概して人口の減少率も労働力率の低下

図表 5-11　性・年齢階級計の労働力人口、人口、労働力率の変化
（2014 ～ 2030 年、都道府県別、ゼロ成長・参加現状シナリオ）

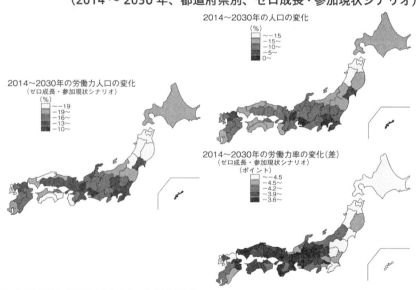

注：労働政策研究・研修機構（2016a）に基づき筆者作成

幅も大きいことから、とくに少子高齢化が進むと見込まれる地域であることが窺える。労働力人口の減少率が大きい他の地域は、労働力率の低下幅は相対的に小さいため、労働力人口の減少の主な要因は人口の減少によるものと考えられる。

　図表 5-12 は、経済再生・労働参加進展シナリオにおける労働力人口、人口、労働力率の 2014 ～ 2030 年の変化を示したものである。経済・雇用政策の実施によって現在は相対的に労働力率の低い性・年齢階級の労働参加が進むと想定されているため、秋田と北海道を除くすべての地域で労働力率が上昇し、結果として労働力人口の減少幅がゼロ成長・労働参加現状シナリオよりも縮小されている。とくに、ゼロ成長・労働参加現状シナリオの結果で労働力人口の減少率が相対的に小さいと述べた 5 つの地域では、労働力人口が増加する結果となっている。

　性・年齢階級計の就業者数及び就業率の動向は、労働力人口及び労働力率のそれと差異はあるが、全体的な傾向は同様であるため、ここでは説明を割

図表 5-12　性・年齢階級計の労働力人口、人口、労働力率の変化（2014 ～ 2030 年、都道府県別、経済再生・参加進展シナリオ）

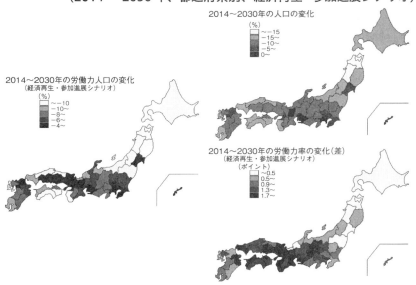

注：労働政策研究・研修機構（2016a）に基づき筆者作成

愛する。シミュレーションの結果について、具体的な数値を知りたい方は労働政策研究・研修機構（2016a）を参照していただきたい。

2 性・年齢階級別の労働力率及び就業者数の見通し

シミュレーションは性別、年齢5歳階級別に行っているが、紙幅の都合上、すべてを紹介することは困難であるため、経済・雇用政策の実施によって今後労働参加が進むことが見込まれる2つの性・年齢階級の労働力率及び就業者数に絞って解説する[14]。1つは、女性の年齢階級別労働力率のグラフを描いた際にできるM字カーブの谷の年齢層である30〜44歳である。もう1つは、高齢者のなかでも、とりわけ将来の労働参加が進むと見込まれる男性の60〜69歳である[15]。

女性の30〜44歳について、2014年の労働力率と2030年までの変化を見たものが図表5-13である。2014年の女性の30〜44歳の労働力率は、本州の日本海側の地域、岩手、高知、宮崎において、概して相対的に高い。2030年までの変化は、ゼロ成長・労働参加現状シナリオにおいて、人口規模の大きな大都市圏や北海道の増分が相対的に大きくなっている。経済再生・労働参加進展シナリオにおいても、ゼロ成長・労働参加現状シナリオと傾向は同様であるが、全国的に増分が大きくなる。厚生労働省「保育所関連状況取りまとめ」と総務省「人口推計」から0〜6歳人口に占める保育所待機児童数の比率（2014年）を算出すると、概ね経済再生・参加進展シナリオで労働力率の増分が大きい地域で相対的に高くなっている。これらの地域で保育所の整備が進み、就労意欲のある女性にとっての障害が除かれれば、女性の30〜44歳の労働参加を促進させる可能性がある。

2014年における女性の30〜44歳の就業者数と2030年までの変化を見たものが図表5-14である。2014年の女性の30〜44歳の就業者数は、人口規模の大きな大都市圏や北海道において、相対的に多い。2030年までの変化

---

14 年齢階級別の労働力人口、労働力率、就業者数及び就業率の見通しの具体的な数値については、章末の付表5-1〜5-4を参照していただきたい。

15 なお、中野（2016）では、15〜34歳の結果についてもまとめており、若年層の動向に興味がある方はそちらを参照していただきたい。

図表 5-13　女性・30 〜 44 歳の労働力率（都道府県別）

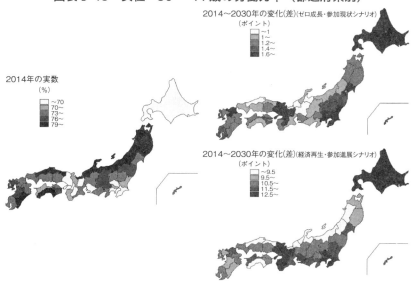

注：労働政策研究・研修機構（2016a）に基づき筆者作成

図表 5-14　女性・30 〜 44 歳の就業者数（都道府県別）

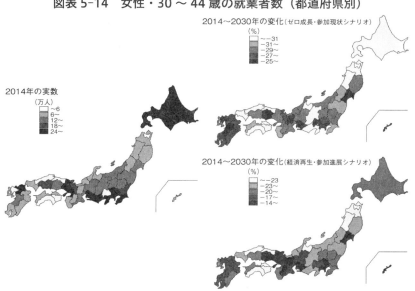

注：労働政策研究・研修機構（2016a）に基づき筆者作成

を見ると、ゼロ成長・労働参加現状シナリオにおいて、いずれの都道府県で
も就業者数は減少するが、概ね関東、中部、近畿の三大都市圏、宮城、沖縄
では相対的に減少率が低い。九州地域も減少率が低いことが特徴的である。
一方、東北、中国、四国地域の一部、北海道、富山、長野、静岡においては、
大きく減少する。経済再生・労働参加進展シナリオにおいても、ゼロ成長・
労働参加現状シナリオと傾向は同様であるが、全国的に就業者数の減少率は
低くなる。

　男性の 60 ～ 69 歳について、2014 年の労働力率と 2030 年までの変化を見
たものが図表 5-15 である。2014 年の男性の 60 ～ 69 歳の労働力率は、北陸、
甲信地域及び東京で相対的に高い。地理的な分布を概観すると、東日本で労
働力率が相対的に高くなっている。2030 年までの変化は、ゼロ成長・労働
参加現状シナリオにおいて、概ね関東、中部、近畿の三大都市圏の増分が相
対的に大きくなっている。これらの周辺の地域では、労働力率が低下する場
合も散見される。経済再生・労働参加進展シナリオにおいては、近畿、中国、

図表 5-15　男性・60 ～ 69 歳の労働力率（都道府県別）

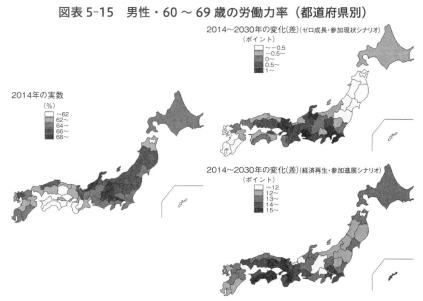

注：労働政策研究・研修機構（2016a）に基づき筆者作成

150

四国地域で労働力の増分が相対的に大きくなっている点、労働力率が低下する場合はない点でゼロ成長・労働参加現状シナリオと傾向が異なる。厚生労働省「高年齢者の雇用状況」によれば、経済再生・労働参加進展シナリオで労働力率の増分が大きい地域において、概して希望者全員が65歳以上まで働ける企業割合（2014年）が相対的に低い。これらの地域で高齢者の雇用機会がより確保されれば、男性の60〜69歳の労働参加を促進させる可能性がある。

　男性の60〜69歳について、2014年の就業者数と2030年までの変化を見たものが図表5-16である。2014年の男性の60〜69歳の就業者数は、先ほど触れた女性の30〜44歳と同様、人口規模の大きな大都市圏や北海道において、相対的に多い。2030年までの変化を見ると、ゼロ成長・労働参加現状シナリオにおいて、いずれの都道府県でも就業者数は減少するが、概ね関東、中部、近畿の三大都市圏、宮城、沖縄では相対的に減少率が低い。一方、東北、中国、四国、九州地域の一部においては、大きく減少する。経済再生・

図表 5-16　男性・60 〜 69 歳の就業者数（都道府県別）

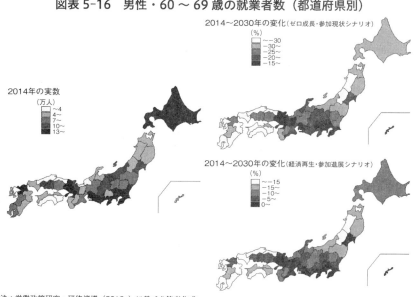

注：労働政策研究・研修機構（2016a）に基づき筆者作成

労働参加進展シナリオにおいても、ゼロ成長・労働参加現状シナリオと傾向は同様であるが、概ね関東、中部、近畿の三大都市圏、宮城、沖縄では就業者数が増加する。

3 産業別の就業者数の見通し

産業別の就業者数については、すでに中野（2016）で製造業及び医療・福祉の動向を概説している。具体的な数値は、中野（2016）及び労働政策研究・研修機構（2016a）を参照していただくことにし、ここでは改めて視覚的に製造業及び医療・福祉の結果を眺めることにする。

2014年の製造業の就業者数とその2030年までの変化を見たものが図表5-17である。2014年の製造業の就業者数は、概ね関東、中部、近畿の三大都市圏、広島、福岡で多くなっている。北関東、甲信、北陸地域に広がりを見せているが、高度経済成長期に形成された太平洋ベルト地域に製造業の就業者が集中していることが窺える。2030年までの変化を見ると、ゼロ成長・

図表 5-17　製造業の就業者数（都道府県別）

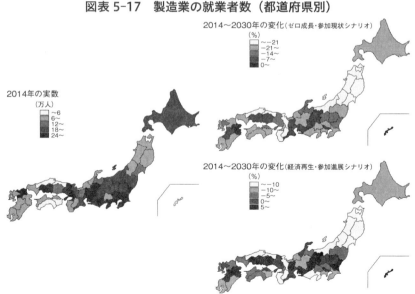

注：労働政策研究・研修機構（2016a）に基づき筆者作成

労働参加現状シナリオにおいて、ほとんどの都道府県で就業者数は減少するが、大分と沖縄では増加している。とりわけ東北、近畿、山陰地域に減少率が高い場合が多い。経済再生・労働参加進展シナリオにおいては、ゼロ成長・労働参加現状シナリオで就業者数が増加する地域に加え、関東、中部、山陽、九州地域の一部においても増加する。

　医療・福祉を除く産業では、就業者数の都道府県別推計を、全国の就業者数をその都道府県別シェアで配分する方法で行っている。将来の都道府県別シェアは、過去の実績値（総務省「就業構造基本調査」）のトレンドに基づいて推計している。製造業の就業者数における都道府県別シェアの過去（2002～2012年）のトレンドと2014年の実数を示したものが、図表5-18である。2002～2012年における都道府県別シェアの変化（差）が、図表5-17における2014～2030年の変化と同様であることが確認できる。

　2014年の医療・福祉の就業者数とその2030年までの変化を見たものが図表5-19である。2014年の医療・福祉の就業者数は、概ね関東、中部、近畿の三大都市圏、北海道、広島、福岡で多くなっている。医療・福祉の就業者数は、全国の就業者数における都道府県別シェアではなく、全国の医療・介護費用における都道府県別シェアによって推計している。高齢者ほど医療・介護サービス受給率が高まるため、推計される医療・介護費用は高齢者人口が多いほど膨らむ。2030年までの変化を見ると、ゼロ成長・労働参加現状シナリオにおいて、石川は例外的であるが、その他は関東、中部、近畿の三

図表5-18　製造業の就業者数の都道府県別シェア

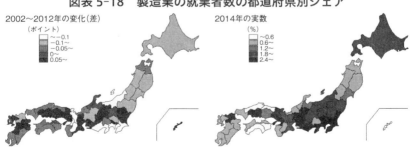

2002～2012年の変化（差）
（ポイント）
~−0.1
−0.1~
−0.05~
0~
0.05~

2014年の実数
（%）
~0.6
0.6~
1.2~
1.8~
2.4~

注1：2002～2012年における製造業就業数の都道府県別シェアの変化は、総務省「就業構造基本統計調査」より算出
注2：2014年における製造業就業者数の都道府県別シェアの実数は、労働政策研究・研修機構（2016a）に基づき筆者作成

図表 5-19　医療・福祉の就業者数（都道府県別）

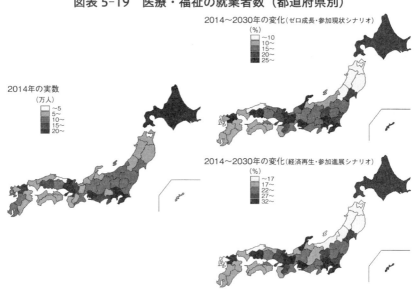

注：労働政策研究・研修機構（2016a）に基づき筆者作成

　大都市圏、広島、福岡といった人口規模の大きな地域で就業者数の増加率が相対的に大きい。一方、東北や山陰地域の一部では就業者数の伸びが相対的に小さくなっている。経済再生・労働参加進展シナリオにおいても、ゼロ成長・労働参加現状シナリオと傾向は同様であるが、全国的に就業者数の増加率は高くなる。

第5節　おわりに

　本章では、全国の労働力需給の推計（2015年版）を踏まえた試算を通して、都道府県の労働力需給の将来像を概観してきた。本章の冒頭でも触れたように、労働力需給に関連する個々の地域の取り組みの成果をすべて考慮して俯瞰的に将来像を描くことは困難であり、一定の想定をおいてシミュレーションを行わざるをえない。したがって、試算された都道府県の労働力需給の将来像が必ずしも実現するとは限らない。しかし、この結果を1つの目安とし

て、さらに地域の事情を考慮したら結果がどう変わりうるか、特定の性・年齢層の対策を実行したらどうなるかというように、各都道府県にとって議論の基礎となる役割は果たせるだろう。

　ただし、労働力需給に関連する各地域の自律的な意思決定を支援するためには、試算結果をさらに精緻化する努力が求められよう。たとえば、推計する時々だけデータを収集するのではなく、地域の経済や社会に関するデータを継続的に収集し、経済や社会の構成にどのような変化が生じているかを観察することが重要である。また、現段階では全国の労働力需給の推計を一定の想定のもとに地域に配分する方法が採られているが、より精緻な推計のためには地域の労働力需要、供給、及び両者の調整プロセスを詳細に描写する経済モデルの作成が望ましい。これらについては、今後の課題としたい。

【参考文献】

中野諭（2016）「都道府県に見る将来の労働力需給の姿——全国の労働力需給の推計（2015 年版）を踏まえて」Business Labor Trend, No.494, pp.3-11.
労働政策研究・研修機構（2015）『地域における雇用機会と就業行動』JILPT 資料シリーズ No.151.
————————（2016a）『労働力需給の推計——新たな全国推計（2015 年版）を踏まえた都道府県別試算——』JILPT 資料シリーズ No.166.
————————（2016b）『UIJ ターンの促進・支援と地方の活性化——若年期の地域移動に関する調査結果——』JILPT 調査シリーズ No.152.

付表 5-1　年齢階級別労働力人口の見通し（都道府県別、単位：万人）

年			北海道	青森県	岩手県	宮城県	秋田県	山形県	福島県	茨城県	栃木県	群馬県	埼玉県	千葉県	東京都	神奈川県	新潟県	富山県
2014年	男女計	計(15歳以上)	265.1	68.1	66.3	118.7	52.4	58.6	100.2	152.0	106.0	102.9	363.8	324.3	754.1	481.8	120.2	56.0
		15~34歳	66.6	15.6	15.3	33.1	11.1	13.6	24.2	38.9	26.7	25.0	103.4	85.9	220.4	133.8	29.0	12.9
		35~64歳	172.8	44.4	42.6	75.2	34.7	38.0	64.6	96.8	67.6	66.2	242.2	205.4	459.4	304.3	78.0	36.4
		65歳以上	25.7	8.1	8.3	10.4	6.5	7.0	11.4	16.3	11.8	11.7	38.3	33.1	74.3	43.7	13.2	6.6
	男性	計(15歳以上)	151.0	37.5	37.1	68.1	29.3	32.5	57.3	89.6	61.7	59.3	226.7	190.8	433.2	286.9	67.6	31.2
		15~34歳	36.5	8.5	8.3	18.0	6.0	7.3	13.7	22.3	15.2	14.0	57.6	47.9	118.8	75.2	15.7	7.1
		35~64歳	98.3	24.3	23.8	43.3	19.2	20.9	36.6	57.1	39.4	38.0	144.5	121.9	269.1	184.0	43.6	20.1
		65歳以上	16.2	4.7	5.0	6.8	4.1	4.3	7.0	10.2	7.1	7.2	24.6	21.0	45.3	27.7	8.3	4.0
	女性	計(15歳以上)	114.1	30.6	29.2	50.5	23.1	26.0	42.9	62.4	44.3	43.7	157.1	133.5	320.9	194.9	52.6	24.8
		15~34歳	30.1	7.1	7.0	15.1	5.2	6.3	10.5	16.6	11.5	11.0	45.8	38.0	101.6	58.6	13.3	5.9
		35~64歳	74.5	20.1	18.8	31.9	15.5	17.1	28.0	39.7	28.2	28.2	97.7	83.5	190.2	120.3	34.4	16.4
		65歳以上	9.5	3.4	3.4	3.5	2.4	2.6	4.4	6.1	4.6	4.5	13.6	12.1	29.0	16.0	4.9	2.6
2030年 ゼロ成長・労働参加現状シナリオ	男女計	計(15歳以上)	214.9	52.2	52.5	104.1	38.4	46.5	82.0	132.4	91.5	89.7	344.4	286.4	710.8	447.3	99.1	47.2
		15~34歳	52.1	12.3	12.4	25.8	8.8	11.3	19.5	33.5	22.4	22.9	87.9	73.5	164.3	116.5	24.1	11.9
		35~64歳	139.9	32.5	32.4	67.7	24.0	28.7	51.0	83.6	57.6	56.2	222.2	183.4	469.5	287.7	63.1	30.1
		65歳以上	22.9	7.4	7.7	10.6	5.6	6.4	11.6	15.2	11.5	10.6	34.3	29.5	77.0	43.1	11.8	5.2
	男性	計(15歳以上)	123.0	29.0	29.3	59.4	21.5	25.7	46.6	78.3	52.9	51.6	202.5	167.6	406.2	264.8	55.7	26.4
		15~34歳	28.6	6.7	6.7	14.0	4.7	6.1	10.8	19.1	12.5	12.8	48.5	40.7	87.7	64.6	13.0	6.4
		35~64歳	79.9	17.9	17.9	38.5	13.3	15.7	28.6	49.7	33.4	32.2	131.8	108.0	270.5	172.4	35.2	16.8
		65歳以上	14.5	4.4	4.7	7.0	3.6	4.0	7.1	9.5	7.0	6.6	22.2	18.9	48.0	27.8	7.4	3.2
	女性	計(15歳以上)	91.9	23.2	23.2	44.7	16.8	20.7	35.4	54.1	38.6	38.1	141.9	118.8	304.6	182.5	43.4	20.8
		15~34歳	23.5	5.6	5.7	11.9	4.1	5.3	8.7	14.5	9.9	10.1	39.4	32.8	76.6	51.9	11.1	5.4
		35~64歳	60.0	14.6	14.5	29.2	10.7	13.1	22.4	33.8	24.2	24.0	90.4	75.4	199.0	115.4	27.9	13.3
		65歳以上	8.4	3.0	3.0	3.6	2.0	2.4	4.4	5.8	4.5	4.0	12.1	10.6	29.0	15.2	4.4	2.1
2030年 経済再生・労働参加進展シナリオ	男女計	計(15歳以上)	237.5	57.4	57.5	114.1	42.0	50.5	89.9	145.1	100.2	98.0	377.9	315.0	776.3	492.0	107.6	51.0
		15~34歳	56.8	13.2	13.2	27.9	9.3	12.0	20.9	36.1	24.1	24.6	95.3	79.7	177.6	126.6	25.7	12.6
		35~64歳	150.8	34.7	34.4	72.3	25.5	30.3	54.1	89.1	61.2	59.7	238.0	196.8	501.5	309.4	66.5	31.6
		65歳以上	30.0	9.6	9.9	13.9	7.3	8.2	14.9	19.9	14.8	13.8	44.6	38.6	97.2	56.0	15.4	6.8
	男性	計(15歳以上)	131.9	31.3	31.6	63.6	23.3	27.7	50.2	83.6	56.5	55.1	216.0	179.3	432.0	282.7	59.6	28.1
		15~34歳	30.5	7.0	7.1	14.9	4.9	6.4	11.4	20.1	13.2	13.5	51.6	43.3	93.7	68.9	13.7	6.8
		35~64歳	82.5	18.6	18.5	39.7	13.7	16.1	29.5	51.1	34.3	33.2	135.7	111.3	277.9	177.6	36.2	17.2
		65歳以上	18.9	5.7	6.0	9.1	4.6	5.1	9.2	12.4	9.0	8.5	28.8	24.7	60.4	36.2	9.6	4.1
	女性	計(15歳以上)	105.6	26.2	25.9	50.4	18.8	22.9	39.7	61.5	43.6	42.9	161.8	135.7	344.3	209.3	48.0	22.9
		15~34歳	26.3	6.1	6.2	13.1	4.4	5.7	9.5	15.9	10.9	11.1	43.7	36.4	84.0	57.7	11.9	5.8
		35~64歳	68.3	16.1	15.9	32.6	11.7	14.1	24.6	38.0	26.9	26.6	102.4	85.5	223.5	131.9	30.3	14.4
		65歳以上	11.1	3.9	3.9	4.8	2.6	3.1	5.7	7.5	5.9	5.2	15.8	13.8	36.8	19.8	5.7	2.7

注：労働政策研究・研修機構（2016a）に基づき筆者作成

156

付表 5-1　年齢階級別労働力人口の見通し（都道府県別、単位：万人）（続）

年	区分	年齢	石川県	福井県	山梨県	長野県	岐阜県	静岡県	愛知県	三重県	滋賀県	京都府	大阪府	兵庫県	奈良県	和歌山県	鳥取県	島根県
2014年	男女計	計（15歳以上）	60.9	41.8	44.9	112.6	106.0	197.3	399.4	94.6	72.1	133.3	443.7	271.6	64.7	47.3	29.6	35.3
		15～34歳	15.4	10.1	10.4	24.6	26.2	48.1	112.7	23.9	20.2	36.5	122.0	70.6	16.6	11.1	7.1	8.0
		35～64歳	38.8	26.9	28.4	71.2	67.4	125.8	245.1	60.1	45.4	81.3	278.1	174.7	41.3	30.5	18.8	22.4
		65歳以上	6.8	4.8	6.0	16.8	12.3	23.3	41.5	10.5	6.5	15.6	43.6	26.2	6.8	5.7	3.8	4.9
	男性	計（15歳以上）	33.7	23.1	25.6	63.4	59.7	113.0	233.7	54.0	41.7	74.6	253.2	154.7	37.0	26.6	16.0	19.5
		15～34歳	8.3	5.4	5.8	13.7	14.6	27.7	65.7	13.6	11.3	19.2	65.2	37.9	8.6	6.0	3.8	4.3
		35～64歳	21.2	14.7	16.2	39.7	37.7	71.8	143.5	34.1	26.2	45.9	160.8	100.3	24.0	17.2	10.0	12.2
		65歳以上	4.1	2.9	3.7	10.1	7.5	13.5	24.6	6.3	4.1	9.4	27.2	16.5	4.4	3.4	2.2	3.0
	女性	計（15歳以上）	27.3	18.7	19.3	49.2	46.3	84.3	165.6	40.5	30.4	58.7	190.4	116.8	27.6	20.7	13.6	15.9
		15～34歳	7.1	4.7	4.6	10.9	11.7	20.5	47.1	10.3	8.8	17.2	56.7	32.7	8.0	5.0	3.3	3.8
		35～64歳	17.5	12.1	12.3	31.5	29.8	54.0	101.6	26.0	19.2	35.3	117.3	74.4	17.3	13.4	8.7	10.2
		65歳以上	2.7	1.9	2.4	6.7	4.8	9.8	17.0	4.2	2.4	6.1	16.4	9.7	2.3	2.3	1.6	1.9
2030年 ゼロ成長・労働参加現状シナリオ	男女計	計（15歳以上）	53.9	35.3	38.0	96.0	91.4	169.4	377.7	82.7	68.2	118.2	394.2	240.4	54.4	38.1	24.3	28.5
		15～34歳	13.8	9.0	9.0	22.9	23.8	42.5	100.8	21.4	18.5	29.6	102.5	62.8	14.3	9.5	5.9	6.9
		35～64歳	34.3	21.9	23.1	57.9	57.0	105.5	237.3	51.8	43.3	75.2	254.5	154.6	34.5	23.8	14.9	17.4
		65歳以上	5.8	4.4	5.9	15.2	10.6	21.4	39.6	9.5	6.3	13.4	37.2	23.1	5.6	4.8	3.5	4.2
	男性	計（15歳以上）	29.9	19.6	21.7	54.1	51.6	96.9	219.7	47.6	39.5	66.4	224.6	137.3	31.2	21.6	13.2	15.8
		15～34歳	7.4	4.9	5.0	12.7	13.3	24.3	57.6	12.1	10.4	16.6	55.4	34.3	7.7	5.3	3.1	3.7
		35～64歳	19.0	12.0	13.1	32.2	32.0	60.3	138.7	29.8	25.1	42.6	146.2	88.7	20.0	13.5	8.1	9.5
		65歳以上	3.6	2.7	3.6	9.1	6.3	12.4	23.4	5.7	4.0	8.1	23.0	14.3	3.6	2.8	2.0	2.6
	女性	計（15歳以上）	23.9	15.7	16.2	41.9	39.8	72.5	158.0	35.1	28.7	51.8	169.6	103.1	23.2	16.5	11.1	12.7
		15～34歳	6.4	4.2	4.0	10.2	10.5	18.2	43.2	9.3	8.2	13.9	47.1	28.5	6.7	4.3	2.8	3.2
		35～64歳	15.2	9.8	10.0	25.7	25.0	45.2	98.6	22.0	18.2	32.6	108.3	65.9	14.5	10.3	6.8	7.9
		65歳以上	2.3	1.7	2.3	6.0	4.3	9.0	16.2	3.8	2.4	5.3	14.2	8.7	2.0	2.0	1.5	1.6
2030年 経済再生・労働参加進展シナリオ	男女計	計（15歳以上）	58.2	38.2	41.5	104.4	99.8	185.1	412.9	90.5	74.6	130.1	434.9	265.5	60.6	42.2	26.6	31.0
		15～34歳	14.7	9.6	9.7	24.5	25.6	45.7	109.0	23.1	20.1	32.3	111.6	68.4	15.6	10.3	6.3	7.3
		35～64歳	36.0	22.9	24.4	61.0	60.5	111.9	252.9	55.1	46.2	80.6	274.5	166.7	37.5	25.6	15.8	18.4
		65歳以上	7.5	5.7	7.4	18.9	13.7	27.5	50.9	12.3	8.3	17.3	48.8	30.5	7.5	6.2	4.5	5.3
	男性	計（15歳以上）	31.9	20.9	23.2	57.6	55.0	103.5	233.4	50.8	42.1	71.2	240.3	147.0	33.6	23.2	14.3	17.0
		15～34歳	7.8	5.1	5.3	13.3	14.0	25.4	62.7	12.7	11.0	16.9	59.1	36.5	8.2	5.6	3.3	3.9
		35～64歳	19.5	12.3	13.4	33.0	32.9	62.0	142.5	30.7	25.8	43.9	150.9	91.5	20.6	14.0	8.3	9.9
		65歳以上	4.6	3.5	4.5	11.3	8.2	16.0	30.2	7.4	5.2	10.4	30.3	19.0	4.8	3.7	2.6	3.3
	女性	計（15歳以上）	26.3	17.3	18.3	46.8	44.8	81.6	179.6	39.7	32.5	58.9	194.6	118.5	27.0	18.9	12.3	14.0
		15～34歳	6.9	4.5	4.4	11.2	11.7	20.2	48.4	10.3	9.1	15.4	52.5	31.9	7.5	4.8	3.0	3.5
		35～64歳	16.5	10.6	11.0	28.0	27.6	49.9	110.5	24.4	20.4	36.7	123.6	75.1	16.9	11.6	7.4	8.5
		65歳以上	2.9	2.2	2.9	7.6	5.5	11.5	20.7	4.9	3.1	6.8	18.5	11.5	2.7	2.6	1.9	2.1

注：労働政策研究・研修機構（2016a）に基づき筆者作成

付表 5-1　年齢階級別労働力人口の見通し（都道府県別、単位：万人）（続）

	岡山県	広島県	山口県	徳島県	香川県	愛媛県	高知県	福岡県	佐賀県	長崎県	熊本県	大分県	宮崎県	鹿児島県	沖縄県
2014年 男女計 計(15歳以上)	95.1	143.7	68.6	37.4	48.9	67.9	37.0	256.1	42.7	67.8	90.5	58.2	56.3	82.9	68.2
15〜34歳	25.4	36.7	16.3	8.8	11.6	16.1	8.0	71.6	10.9	16.5	23.0	14.5	13.4	20.3	19.9
35〜64歳	59.3	90.6	43.6	23.9	31.1	43.6	23.7	159.7	26.9	44.1	57.0	36.8	36.1	52.8	44.2
65歳以上	10.4	16.4	8.7	4.7	6.3	8.2	5.3	24.8	4.9	7.3	10.5	6.9	6.7	9.8	4.0
男性 計(15歳以上)	53.3	81.1	38.4	20.6	27.4	37.6	19.7	140.9	23.1	37.1	48.7	32.3	30.2	44.7	38.1
15〜34歳	13.8	20.4	9.1	4.7	6.3	8.7	4.3	37.6	5.8	8.7	12.1	8.0	7.1	10.4	10.8
35〜64歳	33.2	50.9	24.2	13.2	17.5	24.2	12.6	88.6	14.5	24.1	30.6	20.3	19.3	28.6	24.9
65歳以上	6.4	9.8	5.1	2.7	3.6	4.7	2.9	14.7	2.8	4.3	6.0	4.0	3.8	5.7	2.4
女性 計(15歳以上)	41.9	62.6	30.2	16.8	21.5	30.3	17.3	115.2	19.6	30.8	41.8	25.9	26.0	38.2	30.0
15〜34歳	11.6	16.4	7.2	4.1	5.3	7.4	3.8	34.0	5.1	7.8	10.9	6.5	6.4	9.9	9.1
35〜64歳	26.2	39.7	19.5	10.7	13.6	19.4	11.1	71.1	12.4	20.0	26.4	16.5	16.8	24.2	19.3
65歳以上	4.1	6.6	3.5	2.0	2.6	3.5	2.4	10.1	2.1	3.0	4.5	2.8	2.9	4.1	1.6
2030年 ゼロ成長・労働参加現状シナリオ 男女計 計(15歳以上)	84.8	127.0	56.3	30.3	41.5	56.2	29.4	226.5	36.6	54.2	77.2	49.9	47.3	68.2	64.6
15〜34歳	22.4	32.2	14.3	7.2	10.4	14.0	6.9	58.5	9.6	14.0	19.8	12.7	12.2	17.2	18.6
35〜64歳	53.5	80.2	35.3	18.9	25.7	35.0	18.0	144.4	22.2	33.4	47.3	31.2	28.8	41.4	40.8
65歳以上	8.9	14.6	6.8	4.2	5.4	7.2	4.4	23.6	4.7	6.8	10.1	6.0	6.3	9.6	5.1
男性 計(15歳以上)	47.7	71.8	31.7	16.7	23.5	31.2	15.8	124.9	19.8	29.7	41.5	28.1	25.5	36.6	35.8
15〜34歳	12.3	17.8	7.9	3.8	5.7	7.5	3.7	31.1	5.1	7.6	7.0	7.0	6.5	9.1	10.2
35〜64歳	30.0	45.3	19.8	10.5	14.6	19.5	9.7	79.7	11.9	18.1	25.2	17.5	15.4	21.9	22.6
65歳以上	5.5	8.8	4.1	2.4	3.2	4.2	2.4	14.1	2.8	4.0	5.8	3.6	3.6	5.6	3.0
女性 計(15歳以上)	37.1	55.1	24.6	13.6	18.1	25.0	13.5	101.6	16.7	24.5	35.7	21.9	21.9	31.6	28.7
15〜34歳	10.1	14.4	6.4	3.3	4.7	6.4	3.2	27.4	4.5	6.4	9.3	5.8	5.7	8.1	8.4
35〜64歳	23.5	35.0	15.5	8.4	11.2	15.5	8.3	64.7	10.3	15.3	22.0	13.7	13.5	19.5	18.2
65歳以上	3.4	5.8	2.7	1.8	2.3	3.1	2.0	9.5	2.0	2.0	4.3	2.4	2.7	4.0	2.1
2030年 経済再生・労働参加進展シナリオ 男女計 計(15歳以上)	92.9	139.2	61.9	33.5	45.6	62.1	32.3	249.0	39.9	59.7	84.6	54.8	51.8	75.2	71.4
15〜34歳	24.2	34.8	15.4	7.7	11.1	15.1	7.4	63.4	10.3	15.0	21.2	13.7	13.0	18.4	20.3
35〜64歳	57.1	85.5	37.7	20.3	27.5	37.6	19.2	154.7	23.5	35.8	50.2	33.3	30.6	44.2	44.1
65歳以上	11.7	18.9	8.8	5.5	7.0	9.4	5.7	30.9	6.1	8.9	13.2	7.8	8.2	12.5	7.0
男性 計(15歳以上)	51.2	76.9	34.1	18.1	25.2	33.7	17.2	134.0	21.3	32.1	44.8	30.1	27.4	39.6	38.8
15〜34歳	13.1	18.9	8.4	4.1	6.0	8.0	3.9	33.2	5.4	8.0	11.1	7.4	6.8	9.6	11.0
35〜64歳	30.9	46.7	20.5	10.9	15.1	20.2	10.1	82.2	12.3	18.8	26.0	18.1	15.9	22.7	23.6
65歳以上	7.2	11.3	5.3	3.1	4.1	5.5	3.2	18.5	3.6	5.3	7.6	4.7	4.7	7.4	4.2
女性 計(15歳以上)	41.8	62.3	27.8	15.4	20.4	28.4	15.1	115.0	18.6	27.6	39.8	24.6	24.4	35.5	32.6
15〜34歳	11.2	15.9	7.0	3.6	5.1	7.1	3.5	30.2	4.9	7.0	10.1	6.3	6.2	8.9	9.4
35〜64歳	26.1	38.8	17.2	9.4	12.4	17.4	9.1	72.5	11.2	17.0	24.1	15.2	14.7	21.5	20.5
65歳以上	4.5	7.5	3.5	2.4	2.9	4.0	2.6	12.3	2.5	3.6	5.6	3.1	3.5	5.2	2.8

注：労働政策研究・研修機構（2016a）に基づき筆者作成

付表5-2　年齢階級別労働力率の見通し（都道府県別、単位：％）

年	区分	年齢	北海道	青森県	岩手県	宮城県	秋田県	山形県	福島県	茨城県	栃木県	群馬県	埼玉県	千葉県	東京都	神奈川県	新潟県	富山県
2014年	男女計	計（15歳以上）	55.4	57.8	58.6	55.8	59.3	58.6	59.1	59.8	61.6	60.0	60.9	59.6	63.9	60.7	58.9	59.8
		15～34歳	63.6	64.3	64.7	64.7	65.5	65.7	64.7	65.6	66.6	64.8	66.1	66.3	68.9	66.8	66.2	66.7
		35～64歳	77.6	80.7	82.6	81.6	80.3	84.0	84.2	80.6	81.8	82.3	80.2	79.7	81.6	79.5	83.8	85.4
		65歳以上	17.0	21.0	22.1	19.1	18.5	20.5	21.3	21.8	23.9	22.3	22.2	21.1	25.0	20.8	19.7	21.0
	男性	計（15歳以上）	67.7	68.6	69.2	67.2	70.4	68.5	69.7	71.0	72.6	70.6	72.1	70.9	74.7	72.6	69.0	69.5
		15～34歳	69.3	69.0	69.0	68.2	70.0	68.9	70.0	71.4	72.7	70.1	71.2	71.3	72.6	73.0	69.6	70.5
		35～64歳	91.4	90.7	91.6	91.1	92.2	91.8	91.5	92.9	92.6	92.9	93.2	92.9	93.6	93.5	92.7	93.6
		65歳以上	25.7	30.4	31.9	30.0	28.4	30.7	30.9	30.6	33.1	31.4	31.4	29.7	35.3	29.5	29.2	30.1
	女性	計（15歳以上）	44.7	48.5	49.1	45.9	48.8	49.7	49.1	48.7	50.9	49.8	49.7	48.6	53.4	49.0	49.6	50.8
		15～34歳	57.9	59.8	60.2	61.1	60.9	62.4	58.9	59.1	60.1	59.0	60.6	60.9	65.0	61.2	62.6	62.7
		35～64歳	64.6	71.1	73.4	72.4	68.3	76.1	72.3	67.7	70.2	71.3	66.5	66.0	69.1	64.7	74.6	77.1
		65歳以上	10.7	14.7	15.2	11.7	11.0	13.2	14.2	14.6	16.7	15.2	14.5	14.1	17.2	13.8	12.7	14.2
2030年 ゼロ成長・労働参加現状シナリオ	男女計	計（15歳以上）	49.9	52.8	54.3	50.7	54.2	54.4	54.2	55.5	56.9	56.1	56.5	54.9	60.4	56.4	54.7	55.8
		15～34歳	64.5	67.9	67.2	68.4	64.7	68.5	66.9	67.0	67.2	67.4	66.5	66.5	66.0	66.7	68.4	69.5
		35～64歳	78.5	83.4	83.4	82.9	81.2	85.1	83.0	81.7	82.6	82.8	80.5	80.0	81.4	79.3	84.6	85.7
		65歳以上	13.4	18.1	19.5	16.6	15.4	18.3	19.0	17.7	19.9	18.3	17.0	16.2	22.0	16.8	16.6	16.2
	男性	計（15歳以上）	62.0	63.5	64.4	64.8	64.8	63.6	64.1	66.5	67.2	66.4	67.8	65.8	70.9	67.9	64.3	65.3
		15～34歳	70.0	71.4	71.4	68.6	71.9	71.7	71.9	72.6	72.8	72.9	71.4	71.4	69.0	71.4	71.9	73.0
		35～64歳	91.5	91.8	91.8	91.5	91.5	92.3	91.8	92.9	92.6	92.6	92.6	92.2	92.6	92.4	92.9	93.4
		65歳以上	20.6	26.3	28.2	23.5	25.7	26.6	27.0	25.0	27.5	25.9	25.1	23.5	31.3	24.7	24.3	23.3
	女性	計（15歳以上）	39.6	43.6	45.3	44.5	44.5	46.2	45.0	44.8	47.0	46.4	45.6	44.4	50.5	45.2	45.9	47.1
		15～34歳	58.8	63.5	62.8	60.6	64.8	65.0	61.5	60.7	61.2	61.6	61.3	61.4	62.8	61.5	64.7	65.7
		35～64歳	66.1	72.4	75.0	70.2	74.2	77.8	74.0	69.4	71.9	72.5	67.6	67.2	69.8	65.5	76.1	77.7
		65歳以上	8.3	12.4	13.2	9.3	10.1	12.0	12.8	11.9	14.0	12.4	10.7	10.4	14.8	10.7	10.8	11.0
2030年 経済再生・労働参加進展シナリオ	男女計	計（15歳以上）	55.2	58.1	59.4	59.4	59.4	59.2	59.4	60.8	62.3	61.3	61.9	60.4	66.0	62.0	59.4	60.3
		15～34歳	70.3	72.6	71.8	70.0	72.7	72.7	71.8	72.0	72.2	72.3	72.1	72.1	71.3	72.4	72.8	73.8
		35～64歳	84.6	86.9	88.4	86.7	87.9	89.6	88.1	87.1	87.9	88.0	86.2	85.8	86.9	85.3	89.2	90.1
		65歳以上	17.5	23.5	25.0	20.1	21.4	23.5	24.5	23.1	25.7	23.7	22.1	21.2	27.8	21.9	21.6	20.9
	男性	計（15歳以上）	66.5	66.6	69.2	69.3	66.4	68.3	69.0	71.0	71.8	70.9	72.3	70.5	75.4	72.5	68.8	69.5
		15～34歳	74.6	75.2	75.2	73.1	75.4	75.5	75.9	76.7	76.8	76.7	75.9	75.9	73.7	76.2	75.8	76.8
		35～64歳	94.4	94.0	94.7	95.0	94.5	95.0	94.7	95.4	95.2	95.2	95.3	95.1	95.2	95.2	95.5	95.9
		65歳以上	27.1	36.0	36.0	30.7	33.1	34.1	34.8	32.6	35.4	33.5	32.5	30.8	39.4	32.1	31.5	30.1
	女性	計（15歳以上）	45.5	49.1	50.6	50.2	46.1	51.0	50.5	50.9	53.1	52.3	52.0	50.7	57.1	51.9	50.8	51.8
		15～34歳	65.9	69.0	68.3	66.7	69.8	69.9	67.3	67.3	67.2	67.6	68.0	68.1	68.9	68.4	69.7	70.5
		35～64歳	75.2	80.0	82.1	78.4	81.3	84.1	81.4	77.9	80.0	80.3	76.5	76.2	78.4	74.8	82.6	84.0
		65歳以上	10.9	16.1	17.0	12.2	13.2	15.6	16.6	15.6	18.1	16.1	13.9	13.6	18.7	13.8	14.2	14.2

注：労働政策研究・研修機構（2016a）に基づき筆者作成

付表 5-2 年齢階級別労働力率の見通し（都道府県別、単位：%）（続）

年		年齢階級	石川県	福井県	山梨県	長野県	岐阜県	静岡県	愛知県	三重県	滋賀県	京都府	大阪府	兵庫県	奈良県	和歌山県	鳥取県	島根県
2014年	男女計	計(15歳以上)	61.0	61.0	60.7	61.4	59.5	61.0	62.7	59.4	59.9	58.1	57.7	56.4	53.5	54.8	59.0	57.6
		15~34歳	65.8	66.4	62.1	63.9	64.7	66.7	67.6	65.8	64.7	63.3	64.3	62.9	59.9	62.5	65.3	65.4
		35~64歳	85.2	85.7	83.4	85.1	82.6	82.9	81.8	81.7	80.6	79.8	78.3	78.0	75.0	78.5	82.7	83.5
		65歳以上	21.9	21.9	26.2	27.4	22.1	23.4	24.4	21.3	19.8	22.3	19.5	18.1	17.8	19.2	22.6	22.1
	男性	計(15歳以上)	70.3	70.5	71.5	71.6	69.9	71.4	73.8	70.1	70.8	68.6	68.9	68.0	65.7	66.2	67.8	67.1
		15~34歳	67.9	69.3	66.5	69.2	71.0	74.0	75.2	72.4	69.8	66.0	68.7	68.0	63.3	67.7	67.9	67.9
		35~64歳	93.7	94.0	93.7	94.2	93.1	93.0	93.6	92.4	93.0	92.4	92.1	92.0	91.6	91.0	90.0	89.8
		65歳以上	31.8	31.8	37.2	37.8	30.6	30.9	32.3	29.5	28.6	31.6	27.8	26.4	26.7	27.4	31.7	32.5
	女性	計(15歳以上)	52.5	52.4	50.6	51.8	50.0	51.0	51.7	49.3	49.5	48.7	47.4	46.0	42.8	44.8	51.1	49.1
		15~34歳	63.4	63.4	57.5	58.4	58.2	58.9	59.2	58.7	59.2	60.6	59.8	57.8	56.6	57.2	62.4	62.9
		35~64歳	76.7	77.4	72.9	75.9	72.3	72.4	69.4	70.9	68.1	67.9	65.0	64.6	59.9	66.6	75.6	77.0
		65歳以上	14.8	14.8	17.9	19.3	15.4	17.5	18.0	15.0	12.9	15.3	13.0	11.8	10.9	13.4	16.2	14.8
2030年 ゼロ成長・労働参加現状シナリオ	男女計	計(15歳以上)	56.9	56.7	56.9	58.0	56.0	56.7	59.2	56.1	56.3	54.3	54.0	52.8	49.4	51.4	55.1	54.2
		15~34歳	67.4	69.0	65.6	67.2	67.1	68.3	67.5	67.9	65.2	63.0	64.9	64.6	62.4	66.2	66.9	67.6
		35~64歳	85.5	86.3	83.7	85.5	84.8	83.5	82.1	82.3	81.5	80.5	78.3	78.3	75.5	79.2	83.8	84.6
		65歳以上	17.1	18.6	23.2	23.8	17.9	19.4	19.8	17.9	16.1	17.4	15.0	14.3	13.6	16.0	20.0	19.2
	男性	計(15歳以上)	66.0	65.9	67.4	67.9	66.3	66.7	70.2	66.7	66.8	64.8	65.3	64.3	61.9	63.0	63.6	62.9
		15~34歳	69.5	72.3	70.4	72.6	73.8	75.4	74.8	74.7	70.1	65.7	69.3	69.9	66.5	66.5	69.3	69.9
		35~64歳	93.4	94.0	93.3	93.9	93.0	92.7	93.0	92.2	92.8	92.0	91.3	91.6	91.5	91.0	90.4	90.3
		65歳以上	24.7	26.5	32.8	32.9	24.9	25.8	26.9	25.0	23.1	25.1	22.1	21.2	20.9	23.2	27.6	27.8
	女性	計(15歳以上)	48.6	48.3	47.1	48.8	46.6	47.3	48.7	46.1	46.3	45.0	43.9	42.6	38.9	41.4	47.5	46.3
		15~34歳	65.2	65.5	60.5	61.5	60.3	60.8	59.7	60.7	59.8	60.3	60.4	59.1	58.2	60.2	64.5	65.1
		35~64歳	77.3	78.4	73.7	77.0	73.5	73.7	70.5	71.9	69.6	69.1	65.7	65.6	60.9	67.6	77.2	78.6
		65歳以上	11.5	12.6	15.7	16.8	12.6	14.5	14.4	12.6	10.6	11.8	9.9	9.3	8.4	11.2	14.5	12.8
2030年 経済再生・労働参加進展シナリオ	男女計	計(15歳以上)	61.6	61.3	62.2	63.1	61.2	62.0	64.7	61.4	61.6	59.8	59.5	58.2	55.1	56.9	60.2	59.0
		15~34歳	72.0	73.3	70.4	71.9	72.4	73.4	73.0	73.0	70.7	68.7	70.7	70.2	68.1	71.6	71.3	71.8
		35~64歳	89.9	90.5	88.7	88.4	88.6	88.6	87.5	87.7	87.0	86.2	84.5	84.5	82.1	85.1	88.7	89.2
		65歳以上	21.9	23.7	29.1	29.7	23.1	25.0	25.5	23.3	21.1	22.4	19.7	18.9	18.0	21.1	25.8	24.5
	男性	計(15歳以上)	70.3	70.2	72.0	72.3	70.7	71.2	74.5	71.3	71.2	69.5	69.9	68.8	66.5	67.8	68.6	67.8
		15~34歳	73.9	76.2	74.3	76.2	77.5	78.9	78.8	78.3	74.5	70.7	73.9	74.3	71.0	75.9	73.3	73.8
		35~64歳	95.8	96.2	95.7	96.1	95.5	95.4	95.6	95.0	95.4	94.7	94.3	94.5	94.5	94.1	93.5	93.3
		65歳以上	31.6	33.7	40.7	40.6	32.3	33.4	34.7	32.6	30.4	32.3	29.2	28.1	27.8	30.5	35.5	35.3
	女性	計(15歳以上)	53.5	53.1	53.0	54.5	52.5	53.3	55.3	52.2	52.5	51.2	50.3	48.9	45.3	47.5	52.7	51.0
		15~34歳	70.0	70.3	66.3	67.4	67.1	67.4	66.8	67.3	66.6	66.7	67.4	66.1	65.2	67.2	69.2	69.6
		35~64歳	83.8	84.6	81.4	83.9	81.2	81.4	79.0	79.9	78.2	77.8	75.0	74.8	70.8	76.4	83.7	84.8
		65歳以上	14.8	16.2	20.0	21.3	16.2	18.6	18.4	16.2	13.8	15.2	12.9	12.3	11.1	14.5	18.8	16.5

注：労働政策研究・研修機構（2016a）に基づき筆者作成

160

付表5-2　年齢階級別労働率の見通し（都道府県別、単位：%）（続）

		岡山県	広島県	山口県	徳島県	香川県	愛媛県	高知県	福岡県	佐賀県	長崎県	熊本県	大分県	宮崎県	鹿児島県	沖縄県
2014年																
男女計	計（15歳以上）	57.2	58.7	55.1	55.5	57.6	55.6	56.5	58.6	59.4	55.8	58.3	56.6	58.3	57.1	58.2
	15～34歳	64.4	64.5	63.7	62.6	63.9	62.9	62.6	65.0	65.1	64.2	65.3	65.0	64.9	64.4	60.6
	35～64歳	80.7	81.6	79.7	78.8	80.8	78.9	81.7	79.4	82.2	79.2	81.7	80.4	81.9	80.1	76.9
	65歳以上	19.5	21.6	19.6	20.4	22.1	19.8	22.3	19.7	21.8	18.1	20.9	19.8	21.2	20.5	14.9
男性	計（15歳以上）	67.6	69.3	66.1	65.2	67.5	66.2	64.8	69.2	69.2	66.2	67.6	67.2	67.5	67.0	66.9
	15～34歳	69.6	69.6	69.2	66.1	68.0	67.4	64.6	68.8	69.0	68.7	69.1	70.0	69.0	68.7	65.8
	35～64歳	91.2	91.5	90.1	88.7	91.0	90.1	89.0	91.2	91.2	89.2	90.4	90.5	90.5	89.4	86.4
	65歳以上	28.1	30.4	28.4	27.9	29.8	27.6	29.7	28.3	30.9	26.3	28.9	28.3	29.1	29.1	20.3
女性	計（15歳以上）	47.9	49.1	45.5	47.0	48.6	46.3	49.2	49.3	50.9	46.9	50.3	47.3	50.3	48.6	49.9
	15～34歳	59.2	58.9	58.0	58.9	59.7	58.4	60.4	61.2	61.2	59.8	61.5	59.7	60.9	60.4	55.5
	35～64歳	70.5	70.8	69.8	69.2	70.6	68.3	74.6	68.4	73.6	69.8	73.5	70.6	73.9	71.4	67.4
	65歳以上	13.2	15.0	13.5	15.1	16.3	14.3	17.2	13.7	15.5	12.5	15.3	13.8	15.6	14.5	10.7
2030年　ゼロ成長・労働参加現状シナリオ																
男女計	計（15歳以上）	54.6	54.8	52.0	51.6	54.0	51.9	52.7	53.9	55.6	51.1	54.3	53.3	53.9	52.9	53.6
	15～34歳	65.5	65.1	65.9	64.3	66.0	65.1	65.2	64.2	67.4	66.6	66.0	66.2	67.1	65.2	61.1
	35～64歳	81.5	81.7	81.0	80.0	81.7	80.0	82.6	80.3	83.4	80.2	82.0	81.9	83.3	83.3	77.5
	65歳以上	16.0	17.4	15.7	17.6	18.3	16.8	19.1	15.8	19.1	15.6	18.4	16.4	18.0	18.7	13.8
男性	計（15歳以上）	64.7	65.1	62.7	60.7	63.4	62.2	61.1	64.1	64.9	61.1	63.1	63.5	62.8	61.7	61.7
	15～34歳	70.6	70.4	71.3	67.8	69.9	69.6	67.4	67.7	71.3	71.3	71.2	71.2	71.3	69.4	66.3
	35～64歳	91.2	91.4	90.6	89.3	91.1	90.4	89.3	91.2	91.6	89.5	90.8	91.0	91.0	89.9	86.5
	65歳以上	23.3	24.7	23.0	23.6	24.7	23.5	25.5	22.9	26.8	22.6	25.4	23.6	24.6	25.8	18.2
女性	計（15歳以上）	45.4	45.5	42.5	43.4	45.3	43.0	45.4	45.1	47.5	42.7	46.8	44.2	46.4	45.4	46.1
	15～34歳	60.1	59.6	60.2	60.6	61.7	60.5	62.9	60.5	63.2	61.7	62.3	61.0	62.8	61.2	55.8
	35～64歳	71.9	71.9	71.3	70.8	72.0	69.9	75.9	70.0	75.6	71.4	75.3	72.6	75.9	73.3	68.7
	65歳以上	10.7	12.0	10.6	13.2	13.4	12.1	14.6	10.8	13.6	10.8	13.5	11.3	13.3	13.5	10.3
2030年　経済再生・労働参加進展シナリオ																
男女計	計（15歳以上）	59.8	60.1	57.2	57.0	59.3	57.3	57.9	59.3	60.7	56.4	59.5	58.4	59.0	58.3	59.3
	15～34歳	70.7	70.7	71.2	70.8	70.8	70.1	69.7	69.5	72.1	71.4	70.7	71.2	71.6	70.1	66.7
	35～64歳	87.0	87.1	86.5	85.8	87.1	85.8	87.8	86.0	88.4	85.9	88.0	87.2	88.3	86.8	83.8
	65歳以上	20.9	22.5	20.5	23.0	23.7	21.9	24.5	20.7	24.6	20.6	23.9	21.5	23.4	24.2	18.7
男性	計（15歳以上）	69.4	69.8	67.5	65.8	68.1	67.1	66.2	68.8	69.7	66.0	68.2	68.2	67.5	66.8	66.7
	15～34歳	75.0	74.6	75.5	71.9	73.8	73.5	71.5	72.3	75.4	75.2	73.6	75.1	75.0	73.2	70.9
	35～64歳	94.2	94.3	93.7	92.9	94.2	93.6	92.9	94.1	94.4	92.9	93.8	93.9	94.0	93.1	90.4
	65歳以上	30.5	32.0	30.0	31.0	32.1	30.9	33.0	30.2	34.6	30.0	33.1	31.0	32.2	33.6	25.4
女性	計（15歳以上）	51.1	51.4	48.1	49.2	51.1	48.9	50.7	51.0	53.0	48.2	52.2	49.7	51.7	51.1	52.4
	15～34歳	66.4	66.0	66.6	66.3	67.5	66.7	67.9	66.7	68.7	67.5	67.8	67.0	68.2	67.0	62.3
	35～64歳	79.8	79.8	79.3	78.8	79.9	78.2	82.8	78.4	82.7	79.3	82.4	80.4	82.9	81.0	77.2
	65歳以上	14.0	15.5	13.9	17.1	17.3	15.7	18.6	14.1	17.5	14.0	17.3	14.7	17.1	17.3	13.4

注：労働政策研究・研修機構（2016a）に基づき筆者作成

付表 5-3　年齢階級別就業者数の見通し（都道府県別、単位：万人）

年	性別	年齢	北海道	青森県	岩手県	宮城県	秋田県	山形県	福島県	茨城県	栃木県	群馬県	埼玉県	千葉県	東京都	神奈川県	新潟県	富山県
2014年	男女計	計(15歳以上)	254.1	65.0	64.2	114.1	50.5	56.8	97.0	146.5	102.4	99.8	370.7	313.8	725.6	465.4	116.1	54.4
		15〜34歳	62.8	14.5	14.5	31.3	10.5	13.0	23.0	36.7	25.3	23.8	98.6	82.0	209.3	127.6	27.4	12.3
		35〜64歳	166.5	42.6	41.4	72.7	33.6	37.0	62.8	93.8	65.5	64.5	234.8	199.5	444.0	295.1	75.7	35.5
		65歳以上	24.9	7.9	8.2	10.2	6.4	6.9	11.2	16.0	11.6	11.5	37.3	32.3	72.3	42.6	12.9	6.5
	男性	計(15歳以上)	144.7	35.6	35.8	65.3	28.1	31.5	55.3	86.2	59.5	57.4	218.6	184.4	416.3	276.8	65.1	30.2
		15〜34歳	34.3	7.9	7.9	17.0	5.6	6.9	13.0	20.9	14.3	13.3	54.8	45.7	112.5	71.6	14.8	6.7
		35〜64歳	94.8	23.2	23.1	41.7	18.5	20.2	35.5	55.3	38.2	37.0	139.9	118.2	259.9	178.3	42.2	19.5
		65歳以上	15.6	4.6	4.9	6.7	4.0	4.3	6.8	10.0	7.0	7.1	23.9	20.5	43.9	26.9	8.0	4.0
	女性	計(15歳以上)	109.4	29.4	28.4	48.8	22.4	25.3	41.7	60.3	42.9	42.4	152.1	129.4	309.3	188.6	51.0	24.2
		15〜34歳	28.5	6.6	6.7	14.3	4.9	6.0	10.0	15.8	10.9	10.5	43.8	36.4	96.8	56.1	12.6	5.6
		35〜64歳	71.7	19.4	18.4	31.0	15.1	16.7	27.3	38.5	27.4	27.5	94.9	81.2	184.1	116.8	33.5	16.0
		65歳以上	9.3	3.3	3.4	3.5	2.4	2.6	4.3	6.0	4.6	4.4	13.4	11.8	28.4	15.7	4.9	2.6
2030年 ゼロ成長・労働参加現状シナリオ	男女計	計(15歳以上)	203.5	49.2	50.7	100.5	36.8	44.6	79.2	126.5	87.9	86.4	328.8	273.2	690.4	429.1	95.3	45.7
		15〜34歳	48.6	11.3	11.7	24.5	8.2	10.7	18.4	31.3	21.1	21.7	82.9	69.2	157.3	110.5	22.8	11.3
		35〜64歳	133.0	30.7	31.4	65.6	23.1	27.6	49.3	80.2	55.5	54.4	212.8	175.6	457.6	277.0	61.0	29.3
		65歳以上	21.9	7.2	7.6	10.4	5.5	6.3	11.4	14.9	11.3	10.4	33.0	28.4	75.5	41.7	11.5	5.1
	男性	計(15歳以上)	116.5	27.1	28.2	57.2	20.6	24.6	44.8	74.6	50.7	49.5	192.9	159.6	394.0	253.5	53.4	25.5
		15〜34歳	26.5	6.1	6.3	13.2	4.4	5.7	10.2	17.7	11.7	12.0	45.5	38.1	83.8	61.0	12.2	6.1
		35〜64歳	76.2	16.8	17.3	37.2	12.7	15.0	27.6	47.6	32.1	31.1	126.0	103.2	263.2	165.6	33.9	16.3
		65歳以上	13.7	4.2	4.6	6.8	3.5	3.9	7.0	9.2	6.8	6.4	21.4	18.2	47.0	26.9	7.2	3.1
	女性	計(15歳以上)	87.1	22.1	22.5	43.3	16.2	20.0	34.4	51.9	37.3	36.9	135.9	113.7	296.4	175.6	41.9	20.2
		15〜34歳	22.1	5.3	5.4	11.3	3.9	5.0	8.3	13.7	9.4	9.6	37.4	31.1	73.5	49.5	10.5	5.2
		35〜64歳	56.8	13.8	14.1	28.4	10.4	12.6	21.7	32.6	23.4	23.2	86.8	72.4	194.4	111.3	27.0	13.0
		65歳以上	8.2	3.0	3.0	3.6	2.0	2.4	4.4	5.7	4.5	4.0	11.6	10.2	28.5	14.8	4.3	2.0
2030年 経済再生・労働参加進展シナリオ	男女計	計(15歳以上)	228.2	55.0	56.1	111.1	40.8	49.1	87.6	140.3	97.3	95.4	365.3	304.3	760.0	477.1	104.6	49.8
		15〜34歳	53.8	12.4	12.7	26.8	8.9	11.5	20.0	34.3	23.0	23.5	91.2	76.1	171.8	121.5	24.6	12.1
		35〜64歳	145.3	33.3	33.6	70.6	24.8	29.5	52.8	86.5	59.6	58.3	230.7	190.6	492.2	300.9	64.9	31.0
		65歳以上	29.1	9.4	9.8	13.7	7.2	8.1	14.8	19.6	14.7	13.6	43.5	37.6	96.0	54.8	15.1	6.7
	男性	計(15歳以上)	126.7	29.8	30.7	61.8	22.5	26.8	48.8	80.7	54.8	53.5	208.4	172.9	422.4	273.6	57.8	27.4
		15〜34歳	28.8	6.6	6.8	14.2	4.7	6.1	10.9	19.0	12.6	12.9	49.2	41.2	90.5	66.0	13.1	6.5
		35〜64歳	79.6	17.7	18.0	38.7	13.3	15.7	28.8	49.5	33.4	32.3	131.2	107.6	272.4	172.3	35.3	16.8
		65歳以上	18.3	5.5	5.9	9.0	4.5	5.0	9.1	12.1	8.8	8.4	28.0	24.1	59.5	35.4	9.4	4.0
	女性	計(15歳以上)	101.6	25.2	25.4	49.3	18.3	22.3	38.9	59.7	42.5	41.9	156.9	131.4	337.6	203.5	46.8	22.4
		15〜34歳	25.0	5.8	5.9	12.6	4.2	5.4	9.1	15.2	10.4	10.7	42.0	34.9	81.3	55.5	11.5	5.6
		35〜64歳	65.7	15.5	15.6	31.9	11.5	13.8	24.1	37.0	26.3	26.0	99.5	83.0	219.8	128.6	29.7	14.2
		65歳以上	10.8	3.9	3.9	4.7	2.6	3.1	5.7	7.5	5.8	5.2	15.4	13.5	36.5	19.4	5.7	2.6

注：労働政策研究・研修機構（2016a）に基づき筆者作成

付表5-3　年齢階級別就業者数の見通し（都道府県別、単位：万人）（続）

年		年齢階級	石川県	福井県	山梨県	長野県	岐阜県	静岡県	愛知県	三重県	滋賀県	京都府	大阪府	兵庫県	奈良県	和歌山県	鳥取県	島根県
2014年	男女計	計（15歳以上）	59.0	40.8	43.5	109.4	103.1	191.4	388.0	92.3	69.8	128.5	422.8	260.8	62.3	46.0	28.6	34.3
		15～34歳	14.6	9.7	9.9	23.4	25.3	46.1	108.5	23.1	19.2	34.6	113.9	66.6	15.7	10.6	6.7	7.7
		35～64歳	37.7	26.3	27.7	69.4	65.8	122.5	239.0	58.9	44.2	78.7	266.7	168.7	40.0	29.8	18.2	21.8
		65歳以上	6.7	4.7	5.9	16.5	12.0	22.8	40.6	10.3	6.4	15.2	42.1	25.5	6.6	5.6	3.7	4.8
	男性	計（15歳以上）	32.5	22.5	24.8	61.4	58.0	109.4	226.8	52.7	40.3	71.7	240.4	148.1	35.6	25.8	15.4	18.9
		15～34歳	7.9	5.2	5.5	13.0	14.0	26.5	63.2	13.1	10.7	18.1	60.5	35.6	8.1	5.7	3.6	4.1
		35～64歳	20.6	14.4	15.7	38.6	36.7	69.8	139.7	33.4	25.5	44.4	153.8	96.6	23.2	16.7	9.7	11.9
		65歳以上	4.0	2.9	3.6	9.9	7.3	13.1	23.8	6.2	4.0	9.1	26.1	15.9	4.3	3.3	2.1	2.9
	女性	計（15歳以上）	26.5	18.3	18.7	47.9	45.1	82.0	161.3	39.6	29.6	56.8	182.4	112.7	26.7	20.2	13.2	15.5
		15～34歳	6.8	4.5	4.4	10.5	11.2	19.6	45.3	10.0	8.5	16.5	53.4	31.0	7.6	4.8	3.1	3.6
		35～64歳	17.1	11.9	12.0	30.8	29.1	52.7	99.3	25.5	18.7	34.3	112.9	72.1	16.8	13.1	8.5	9.9
		65歳以上	2.6	1.9	2.3	6.7	4.8	9.7	16.7	4.2	2.3	6.0	16.1	9.5	2.3	2.3	1.6	1.9
2030年 ゼロ成長・労働参加現状シナリオ	男女計	計（15歳以上）	51.8	34.5	36.5	92.3	88.3	162.6	368.3	80.4	64.9	113.2	373.9	228.3	51.5	36.7	23.2	27.4
		15～34歳	13.0	8.7	8.5	21.6	22.7	40.4	97.3	20.7	17.4	27.9	95.3	58.6	13.3	9.1	5.5	6.5
		35～64歳	33.1	21.4	22.2	55.9	55.3	101.6	232.1	50.5	41.4	72.3	242.8	147.5	32.8	23.0	14.2	16.8
		65歳以上	5.7	4.4	5.8	14.9	10.3	20.7	38.8	9.2	6.1	13.0	35.8	22.2	5.4	4.6	3.4	4.1
	男性	計（15歳以上）	28.7	19.1	20.8	51.8	49.7	92.8	213.9	46.2	37.5	63.4	212.2	129.9	29.4	20.7	12.6	15.1
		15～34歳	6.9	4.7	4.7	11.9	12.7	23.0	55.6	11.7	9.6	14.6	51.1	35.7	7.0	5.0	2.9	3.5
		35～64歳	18.4	11.8	12.6	31.0	30.9	57.9	135.4	29.0	24.0	40.9	139.1	84.4	18.9	13.0	7.7	9.2
		65歳以上	3.5	2.7	3.6	8.9	6.1	11.9	22.9	5.5	3.8	7.8	22.0	13.7	3.4	2.7	2.0	2.5
	女性	計（15歳以上）	23.1	15.4	15.7	40.5	38.6	69.8	154.4	34.2	27.4	49.8	161.7	98.4	22.1	16.0	10.6	12.3
		15～34歳	6.1	4.0	3.8	9.7	10.0	17.3	41.7	9.0	7.7	13.3	44.2	26.9	6.3	4.1	2.6	3.1
		35～64歳	14.8	9.6	9.6	24.9	24.3	43.7	96.7	21.5	17.4	31.4	103.7	63.0	13.8	10.0	6.5	7.6
		65歳以上	2.2	1.7	2.2	6.0	4.2	8.8	16.0	3.7	2.3	5.2	13.8	8.5	2.0	1.9	1.5	1.6
2030年 経済再生・労働参加進展シナリオ	男女計	計（15歳以上）	56.6	37.5	40.3	101.6	97.4	179.8	405.3	88.6	72.0	126.1	418.0	255.5	58.1	41.0	25.7	30.2
		15～34歳	14.1	9.3	9.2	23.4	24.8	43.9	106.1	22.4	19.1	30.8	105.4	64.8	14.8	9.9	6.0	7.0
		35～64歳	35.2	22.6	23.8	59.5	59.2	109.0	248.9	54.1	44.8	78.3	265.0	161.0	36.1	25.0	15.2	17.9
		65歳以上	7.4	5.6	7.3	18.7	13.5	26.9	50.3	12.1	8.1	16.9	47.5	29.7	7.3	6.1	4.4	5.3
	男性	計（15歳以上）	31.0	20.5	22.5	55.9	53.6	100.3	228.8	49.7	40.5	68.8	230.2	141.0	32.1	22.5	13.7	16.5
		15～34歳	7.5	5.0	5.0	12.7	13.5	24.4	59.1	12.4	10.4	16.0	55.5	34.4	7.7	5.3	3.1	3.7
		35～64歳	19.0	12.1	13.0	32.1	32.1	60.2	140.0	30.1	25.0	42.6	145.4	88.2	19.8	13.6	8.1	9.6
		65歳以上	4.5	3.4	4.5	11.1	8.0	15.6	29.7	7.3	5.1	10.2	29.3	18.4	4.6	3.6	2.5	3.2
	女性	計（15歳以上）	25.7	17.0	17.8	45.7	43.8	79.5	176.5	38.9	31.5	57.3	187.8	114.5	26.0	18.5	11.9	13.7
		15～34歳	6.6	4.3	4.2	10.7	11.3	19.5	47.0	10.1	8.7	14.8	49.9	30.4	7.1	4.6	2.8	3.3
		35～64歳	16.2	10.5	10.8	27.4	27.1	48.7	108.9	24.0	19.8	35.7	119.7	72.8	16.3	11.4	7.2	8.3
		65歳以上	2.9	2.2	2.8	7.6	5.5	11.4	20.6	4.8	3.0	6.7	18.2	11.3	2.7	2.5	1.9	2.1

注：労働政策研究・研修機構（2016a）に基づき筆者作成

付表 5-3　年齢階級別就業者数の見通し（都道府県別、単位：万人）（続）

			岡山県	広島県	山口県	徳島県	香川県	愛媛県	高知県	福岡県	佐賀県	長崎県	熊本県	大分県	宮崎県	鹿児島県	沖縄県
2014年	男女計	計(15歳以上)	91.7	138.8	66.4	36.0	47.3	65.4	35.7	243.9	41.1	65.2	86.9	56.3	54.3	79.5	64.5
		15~34歳	24.1	35.0	15.5	8.3	10.9	15.1	7.6	66.9	10.3	15.6	21.7	13.8	12.7	19.1	18.3
		35~64歳	57.4	87.7	42.3	23.1	30.2	42.3	22.9	152.8	26.0	42.5	54.9	35.7	34.9	50.8	42.3
		65歳以上	10.2	16.1	8.5	4.6	6.2	8.0	5.2	24.2	4.8	7.1	10.3	6.7	6.6	9.6	3.9
	男性	計(15歳以上)	51.3	78.2	37.1	19.7	26.3	36.1	18.9	133.9	22.2	35.6	46.7	31.2	29.1	42.8	35.9
		15~34歳	13.0	19.4	8.6	4.4	5.9	8.0	3.9	34.8	5.4	8.2	11.4	7.5	6.7	9.8	9.9
		35~64歳	32.0	49.2	23.4	12.7	16.9	23.4	12.1	84.9	14.0	23.2	29.5	19.7	18.7	27.5	23.7
		65歳以上	6.2	9.6	5.0	2.6	3.6	4.6	2.8	14.2	2.7	4.2	5.8	3.9	3.7	5.5	2.3
	女性	計(15歳以上)	40.4	60.6	29.3	16.3	20.9	29.4	16.7	110.0	18.9	29.6	40.2	25.1	25.2	36.7	28.6
		15~34歳	11.1	15.6	6.9	3.9	5.1	7.1	3.6	32.1	4.9	7.4	10.3	6.3	6.1	9.4	8.4
		35~64歳	25.4	38.5	18.9	10.4	13.3	18.9	10.8	67.9	9.9	19.3	25.5	16.0	16.2	23.3	18.6
		65歳以上	3.4	6.5	3.5	2.0	2.6	3.4	2.4	10.0	2.0	3.0	4.5	2.8	2.9	4.0	1.6
2030年 ゼロ成長・労働参加現状シナリオ	男女計	計(15歳以上)	81.6	122.1	54.1	29.0	39.8	53.8	27.9	213.6	34.4	51.5	73.8	47.9	45.0	64.4	60.5
		15~34歳	21.2	30.5	13.5	6.7	9.7	13.1	6.4	54.2	8.9	13.1	18.6	12.1	11.4	15.9	16.8
		35~64歳	51.6	77.3	34.0	18.2	24.8	33.7	17.2	136.6	20.9	31.9	45.2	30.0	27.5	39.1	38.6
		65歳以上	8.7	14.3	6.6	4.1	5.3	7.1	4.3	22.8	4.6	6.6	9.9	5.8	6.1	9.3	5.0
	男性	計(15歳以上)	45.8	68.9	30.4	15.9	22.3	29.7	14.9	117.5	18.6	28.2	39.6	26.9	24.2	34.5	33.3
		15~34歳	11.6	16.9	7.5	3.5	5.2	7.0	3.3	28.5	4.7	7.0	9.8	6.6	6.0	8.3	9.2
		35~64歳	28.8	43.5	19.0	10.1	14.0	18.6	9.2	75.5	11.3	17.3	24.2	16.8	14.7	20.8	21.2
		65歳以上	5.3	8.5	4.0	2.3	3.1	4.1	2.4	13.5	2.7	3.9	5.6	3.5	3.5	5.4	2.9
	女性	計(15歳以上)	35.8	53.2	23.7	13.1	17.5	24.1	13.0	96.0	15.8	23.3	34.2	21.0	20.8	29.9	27.2
		15~34歳	9.6	13.7	6.1	3.2	4.4	6.1	3.1	25.7	4.2	6.1	8.8	5.5	5.4	7.6	7.7
		35~64歳	22.7	33.8	15.0	8.1	10.8	15.0	8.0	61.1	9.7	14.6	21.1	13.2	12.8	18.4	17.4
		65歳以上	3.4	5.8	2.7	1.8	2.2	3.0	1.9	9.3	1.9	2.7	4.3	2.4	2.6	3.9	2.1
2030年 経済再生・労働参加進展シナリオ	男女計	計(15歳以上)	90.3	135.2	60.2	32.4	44.2	60.1	31.1	238.4	38.3	57.6	81.9	53.1	49.9	72.2	68.0
		15~34歳	23.2	33.4	14.8	7.3	10.6	14.3	6.9	59.7	9.7	14.2	20.3	13.1	12.4	17.4	18.8
		35~64歳	55.5	83.2	36.6	19.7	26.7	36.5	18.5	148.5	22.6	34.6	48.7	32.3	29.5	42.5	43.3
		65歳以上	11.5	18.6	8.7	5.4	6.9	9.3	5.6	30.2	6.0	8.8	12.9	7.7	8.0	12.2	6.9
	男性	計(15歳以上)	49.6	74.6	33.1	17.5	24.3	32.4	16.4	128.1	20.4	30.9	43.2	29.2	26.4	38.0	36.7
		15~34歳	12.5	18.1	8.0	3.8	5.7	7.5	3.6	31.1	5.1	7.5	10.5	7.0	6.5	9.0	10.1
		35~64歳	30.1	45.3	19.9	10.6	14.6	19.5	9.7	79.0	11.8	18.2	25.3	17.6	15.3	21.8	22.5
		65歳以上	7.0	11.1	5.2	3.1	4.1	5.4	3.1	18.0	3.5	5.2	7.4	4.6	4.6	7.1	4.1
	女性	計(15歳以上)	40.6	60.6	27.1	15.0	19.9	27.7	14.7	110.4	17.9	26.7	38.6	23.9	23.5	34.2	31.3
		15~34歳	10.7	15.3	6.8	3.5	4.9	6.8	3.3	28.7	4.6	6.7	9.7	6.1	5.9	8.5	8.7
		35~64歳	25.5	37.8	16.8	9.1	12.1	17.0	8.8	69.5	10.8	16.4	23.4	14.8	14.2	20.7	19.8
		65歳以上	4.5	7.5	3.5	2.3	2.9	3.9	2.5	12.2	2.5	3.5	5.5	3.1	3.4	5.1	2.8

注：労働政策研究・研修機構（2016a）に基づき筆者作成

付表 5-4　年齢階級別就業率の見通し（都道府県別、単位：％）

			北海道	青森県	岩手県	宮城県	秋田県	山形県	福島県	茨城県	栃木県	群馬県	埼玉県	千葉県	東京都	神奈川県	新潟県	富山県
2014 年	男女計	計 (15歳以上)	53.1	55.2	56.8	57.0	53.8	56.9	57.2	57.6	59.5	58.2	58.8	57.7	61.5	58.7	56.9	58.0
		15～34歳	60.0	59.7	61.5	61.9	61.1	62.6	61.5	61.8	63.0	61.6	63.0	63.3	65.5	63.8	62.7	63.7
		35～64歳	74.7	77.3	80.2	79.0	79.0	81.8	78.1	78.1	79.3	80.1	77.8	77.4	78.9	77.4	81.3	83.3
		65歳以上	16.5	20.6	21.7	18.1	18.7	20.2	20.9	21.4	23.5	22.0	21.6	20.6	24.3	20.3	19.3	20.6
	男性	計 (15歳以上)	64.9	65.2	66.8	67.5	64.6	66.2	67.3	68.3	70.0	68.3	69.6	68.5	71.8	70.0	66.5	67.3
		15～34歳	65.2	65.5	65.4	65.8	64.1	65.3	67.0	67.0	67.0	66.5	67.7	67.9	68.8	68.5	65.7	67.1
		35～64歳	88.2	86.6	88.8	88.9	87.8	89.1	88.6	89.9	89.8	90.4	90.3	90.2	90.4	90.6	89.8	91.1
		65歳以上	24.8	29.5	31.3	27.7	29.3	30.1	30.3	29.9	32.4	30.8	30.5	28.9	34.2	28.7	28.4	29.5
	女性	計 (15歳以上)	42.9	46.5	47.7	47.1	44.5	48.4	47.7	47.1	49.3	48.4	48.1	47.1	51.5	47.4	48.1	49.5
		15～34歳	54.8	55.9	57.5	57.8	58.0	59.6	56.2	56.1	57.1	56.4	58.0	58.3	62.0	58.5	59.5	60.0
		35～64歳	62.2	68.6	71.6	66.3	70.3	74.3	70.5	65.7	68.2	69.5	64.6	64.2	66.8	62.8	72.6	75.4
		65歳以上	10.5	14.5	15.1	10.9	11.6	13.1	14.1	14.5	16.6	15.0	14.2	13.8	16.8	13.5	12.6	14.1
2030 年 ゼロ成長・労働参加現状シナリオ	男女計	計 (15歳以上)	47.3	49.7	52.4	52.3	48.6	52.2	52.3	53.0	54.7	54.1	53.9	52.4	58.7	54.1	52.6	54.0
		15～34歳	60.2	62.3	63.7	61.3	64.3	64.5	63.4	62.6	63.2	63.7	62.8	62.7	63.2	63.2	64.5	66.1
		35～64歳	74.7	77.0	80.7	79.7	79.7	80.4	80.4	78.4	79.7	80.1	77.1	76.6	79.3	76.3	81.8	83.3
		65歳以上	12.8	17.5	19.2	15.1	16.2	17.9	18.7	17.3	19.5	18.0	16.4	15.6	21.6	16.3	16.2	15.9
	男性	計 (15歳以上)	58.8	59.5	61.9	62.4	58.8	60.7	61.6	63.3	64.4	63.7	64.6	62.7	68.8	66.0	61.7	63.0
		15～34歳	64.9	67.3	67.3	64.7	67.1	67.8	67.8	67.3	68.0	68.5	67.0	66.8	65.9	67.4	67.5	69.2
		35～64歳	87.2	85.2	88.5	89.2	87.6	88.4	88.6	89.0	89.2	89.3	88.5	88.1	90.1	88.8	89.5	90.6
		65歳以上	19.6	25.3	27.6	23.0	25.1	25.9	26.4	24.3	26.8	25.3	24.2	22.6	30.6	23.9	23.6	22.8
	女性	計 (15歳以上)	37.5	41.4	43.9	43.1	39.9	44.6	43.7	43.0	45.3	44.9	43.7	42.5	49.1	43.5	44.4	45.8
		15～34歳	55.3	59.0	60.0	57.7	61.5	61.8	58.7	58.0	58.0	58.7	58.2	58.3	60.3	58.7	61.4	62.8
		35～64歳	62.6	68.8	72.8	68.2	71.7	75.2	71.9	66.8	69.6	70.3	64.9	64.5	68.2	63.2	73.7	75.8
		65歳以上	8.0	12.2	13.0	9.2	10.0	11.9	12.7	11.8	13.8	12.2	10.3	10.0	14.5	10.3	10.7	10.8
2030 年 経済再生・労働参加進展シナリオ	男女計	計 (15歳以上)	53.1	55.7	57.9	57.8	53.9	57.5	57.9	58.8	60.5	59.7	59.9	58.3	64.6	60.1	57.8	58.9
		15～34歳	66.6	69.0	69.0	67.1	69.3	69.6	68.9	68.4	68.9	69.3	69.0	68.9	69.0	69.5	69.6	71.0
		35～64歳	81.6	83.5	86.4	84.7	85.5	87.3	86.1	84.5	85.6	85.9	83.5	83.1	85.3	82.9	87.0	88.3
		65歳以上	17.0	23.0	24.7	19.9	21.1	23.2	24.3	22.8	25.4	23.4	21.6	20.6	27.4	21.4	21.3	20.6
	男性	計 (15歳以上)	63.9	65.4	67.3	67.4	64.3	66.2	67.1	68.5	69.6	68.9	69.7	67.9	73.8	70.2	66.8	67.8
		15～34歳	70.4	70.7	72.0	69.9	71.6	71.9	72.6	72.5	73.0	73.3	72.4	72.3	71.2	72.9	72.2	73.8
		35～64歳	91.2	89.9	92.3	92.6	91.6	92.3	92.3	92.4	92.6	92.8	92.1	91.9	93.3	92.4	93.0	93.8
		65歳以上	26.1	33.3	35.5	30.2	32.6	33.5	34.3	32.0	34.8	33.0	31.7	29.9	38.8	31.3	30.9	29.7
	女性	計 (15歳以上)	43.8	47.3	49.5	49.1	45.0	49.8	49.4	49.4	51.7	51.0	50.4	49.2	56.0	50.4	49.6	50.8
		15～34歳	62.7	65.2	65.8	64.2	67.0	67.1	64.8	64.8	64.5	65.0	65.4	65.4	66.7	65.8	66.8	68.0
		35～64歳	72.4	80.4	80.4	76.8	79.3	82.2	79.7	75.8	78.1	78.6	74.3	74.0	77.1	72.9	80.9	82.6
		65歳以上	10.7	16.0	16.9	12.1	13.1	15.5	16.5	15.5	19.0	16.0	13.6	13.3	18.6	13.6	14.0	14.1

注：労働政策研究・研修機構（2016a）に基づき筆者作成

付表 5-4　年齢階級別就業率の見通し（都道府県別、単位：％）（続）

年	区分		石川県	福井県	山梨県	長野県	岐阜県	静岡県	愛知県	三重県	滋賀県	京都府	大阪府	兵庫県	奈良県	和歌山県	鳥取県	島根県
2014年	男女計	計(15歳以上)	59.1	59.6	58.9	59.6	57.9	59.1	60.9	57.9	58.0	56.0	55.0	54.1	51.5	53.2	57.0	56.0
		15～34歳	62.5	64.0	59.1	60.9	62.2	64.0	65.0	63.6	61.7	60.1	60.0	59.3	56.6	59.8	62.1	62.7
		35～64歳	82.9	82.9	81.2	82.9	80.6	80.7	79.8	80.0	78.4	77.4	75.1	75.3	72.6	76.5	80.1	81.3
		65歳以上	21.5	21.7	25.8	27.0	21.6	22.8	23.8	20.9	19.4	21.7	18.8	17.6	17.3	18.9	22.2	21.8
	男性	計(15歳以上)	67.9	68.7	69.2	69.4	67.9	69.1	71.6	68.3	68.4	65.9	65.4	65.1	63.1	64.1	65.4	65.1
		15～34歳	64.3	66.6	62.9	65.7	70.5	71.0	72.4	70.1	66.2	62.2	63.7	63.7	59.6	64.5	64.6	65.0
		35～64歳	90.9	92.0	91.1	91.7	90.7	90.4	91.2	90.4	90.4	89.3	88.1	88.7	88.5	88.6	87.0	87.3
		65歳以上	31.0	31.2	36.5	37.1	29.8	30.0	31.4	28.8	27.8	30.6	26.7	25.4	25.8	26.7	30.9	31.8
	女性	計(15歳以上)	51.0	51.3	49.2	50.4	48.7	49.6	50.4	48.2	48.1	47.1	45.4	44.3	41.4	43.7	49.5	47.8
		15～34歳	60.4	61.3	55.0	55.9	56.0	56.4	57.0	56.8	56.7	57.9	56.3	54.9	53.8	55.1	59.4	60.3
		35～64歳	74.9	76.1	71.0	74.0	70.7	70.7	67.8	69.5	66.5	66.0	62.6	62.6	58.2	65.1	73.4	75.1
		65歳以上	14.6	14.6	17.8	19.2	15.2	17.3	17.7	14.9	12.8	15.1	12.7	11.6	10.7	13.2	16.2	14.8
2030年 ゼロ成長・労働参加現状シナリオ	男女計	計(15歳以上)	54.8	55.3	54.6	55.8	54.1	54.5	57.7	54.5	53.6	52.0	51.2	50.1	46.7	49.5	52.5	52.2
		15～34歳	63.6	66.5	61.8	63.4	64.2	64.9	65.1	65.4	61.1	59.4	60.4	60.2	58.0	62.9	62.9	64.1
		35～64歳	82.7	82.7	80.6	82.5	80.7	80.4	80.4	80.2	77.9	77.4	74.7	74.8	71.8	76.4	79.9	81.4
		65歳以上	16.7	18.3	22.7	23.4	17.4	18.8	19.5	17.5	15.5	16.8	14.5	13.8	13.0	15.6	19.5	18.8
	男性	計(15歳以上)	63.3	64.2	64.5	65.1	63.9	63.9	68.3	64.8	63.4	61.8	61.7	60.8	58.3	60.4	60.4	60.3
		15～34歳	65.3	69.5	65.9	68.0	70.5	71.5	72.2	71.9	65.1	61.4	63.9	64.7	61.2	67.9	64.8	66.2
		35～64歳	90.1	91.9	89.7	90.3	89.9	89.1	90.8	89.6	88.7	88.3	86.9	87.2	86.7	87.7	85.9	86.7
		65歳以上	24.0	26.0	32.0	32.1	24.1	24.7	26.3	24.3	22.2	24.2	21.2	20.2	19.9	22.4	26.7	27.0
	女性	計(15歳以上)	46.9	47.2	45.4	47.2	45.1	45.6	47.5	45.0	44.3	43.3	41.8	40.6	37.0	40.0	45.5	44.7
		15～34歳	61.9	63.3	57.5	58.5	57.7	57.8	57.6	58.5	56.7	57.3	56.8	55.7	54.8	57.6	60.9	62.0
		35～64歳	75.0	76.9	71.2	74.5	71.5	71.3	69.2	70.3	66.8	66.6	62.9	62.8	58.0	65.4	73.9	75.9
		65歳以上	11.3	12.5	15.5	16.6	12.4	14.2	14.2	12.4	10.3	11.5	9.6	9.1	8.1	10.9	14.4	12.7
2030年 経済再生・労働参加進展シナリオ	男女計	計(15歳以上)	59.9	60.2	60.4	61.4	59.7	60.2	63.5	60.2	59.5	57.9	57.2	56.0	52.8	55.3	58.2	57.4
		15～34歳	68.9	71.2	67.3	68.8	70.0	70.6	71.0	70.9	67.3	65.7	66.8	66.6	64.4	68.8	67.9	68.9
		35～64歳	87.8	89.2	86.4	87.8	86.4	86.3	86.1	86.0	84.2	83.8	81.6	81.6	79.0	83.0	85.7	86.8
		65歳以上	21.6	23.5	28.7	29.3	22.7	24.5	25.2	22.9	20.6	21.9	19.2	18.4	17.5	20.7	25.3	24.2
	男性	計(15歳以上)	68.2	68.9	69.8	68.9	68.9	69.0	73.1	69.7	68.5	67.1	66.9	66.0	63.6	65.7	66.2	65.8
		15～34歳	70.5	73.9	70.7	72.6	75.0	75.9	76.8	76.1	70.5	67.2	69.4	70.0	66.6	72.6	69.7	70.8
		35～64歳	93.4	94.7	93.0	93.5	93.2	92.7	93.9	93.1	92.3	91.9	90.8	91.1	90.7	91.6	90.2	90.7
		65歳以上	31.1	33.3	40.0	39.9	31.5	32.4	34.1	31.9	29.5	31.5	28.2	27.2	26.8	29.8	34.7	34.7
	女性	計(15歳以上)	52.2	52.3	51.7	53.3	51.3	51.9	54.4	51.2	50.9	49.8	48.6	47.3	43.7	46.4	51.1	49.8
		15～34歳	67.2	68.4	63.7	64.9	64.8	64.9	64.9	65.4	63.8	64.1	64.1	63.1	62.1	64.9	66.1	67.0
		35～64歳	82.1	83.5	79.5	82.0	79.6	79.5	77.9	78.6	75.9	75.8	72.6	72.5	68.3	74.6	81.2	82.7
		65歳以上	14.7	16.2	19.9	21.1	16.1	18.3	18.3	16.1	13.6	15.0	12.7	12.1	10.9	14.4	18.6	16.4

注：労働政策研究・研修機構（2016a）に基づき筆者作成

166

付表 5-4　年齢階級別就業率の見通し（都道府県別、単位：％）（続）

年	区分	年齢	岡山県	広島県	山口県	徳島県	香川県	愛媛県	高知県	福岡県	佐賀県	長崎県	熊本県	大分県	宮崎県	鹿児島県	沖縄県
2014年	男女計	計(15歳以上)	55.2	56.8	53.3	53.4	55.7	53.6	54.4	55.8	57.2	53.7	56.0	54.7	56.2	54.7	55.0
		15～34歳	61.1	61.4	60.8	58.6	60.3	59.2	58.8	60.7	61.5	60.6	61.6	61.9	61.5	60.6	55.5
		35～64歳	78.1	78.6	77.3	76.1	78.5	76.5	79.1	76.0	79.5	76.4	78.7	78.0	79.3	77.1	73.6
		65歳以上	19.2	21.2	19.3	20.1	21.8	19.5	22.0	19.2	21.4	17.7	20.4	19.4	20.8	20.0	14.6
	男性	計(15歳以上)	65.0	66.8	63.8	62.3	64.9	63.5	62.1	65.8	66.6	63.6	64.8	64.9	65.0	64.2	62.9
		15～34歳	66.0	66.5	65.9	61.1	63.3	62.6	59.9	63.8	64.9	64.4	64.9	66.4	65.0	64.3	59.8
		35～64歳	88.0	88.5	87.2	85.4	88.1	87.0	85.9	87.4	88.2	86.0	87.2	87.9	87.6	86.1	82.2
		65歳以上	27.4	29.7	27.7	27.3	29.3	27.1	29.1	27.4	30.2	25.6	28.1	27.7	28.4	28.2	19.8
	女性	計(15歳以上)	46.3	47.5	44.2	45.5	47.2	44.9	47.7	47.1	49.1	45.2	48.4	45.8	48.6	46.7	47.6
		15～34歳	56.3	56.1	55.4	56.1	57.0	55.7	57.6	57.6	58.2	56.8	58.4	57.2	58.1	57.2	51.2
		35～64歳	68.3	68.7	67.8	67.2	68.8	66.5	72.6	65.4	58.7	67.3	70.8	68.5	71.4	68.6	65.0
		65歳以上	13.1	14.9	13.4	14.9	16.1	14.1	17.0	13.5	15.3	12.4	15.1	13.7	15.4	14.3	10.6
2030年 ゼロ成長・労働参加現状シナリオ	男女計	計(15歳以上)	52.5	52.7	50.0	49.4	51.7	49.7	50.0	50.8	52.4	48.6	51.9	51.1	51.2	50.0	50.2
		15～34歳	62.0	61.8	62.5	60.0	61.6	60.8	60.3	59.4	62.4	62.3	62.0	62.7	62.8	60.6	55.2
		35～64歳	78.6	78.7	78.0	77.0	78.7	76.9	78.8	75.9	78.7	76.5	79.3	78.7	79.2	76.8	73.3
		65歳以上	15.7	17.0	15.4	17.2	17.9	16.4	18.5	15.3	18.4	15.2	18.0	16.1	17.5	18.1	13.5
	男性	計(15歳以上)	62.1	62.4	60.2	57.8	60.3	59.2	57.5	60.3	61.0	58.0	60.2	60.8	59.5	58.2	57.3
		15～34歳	66.8	66.6	67.5	62.2	64.2	63.9	61.0	62.0	65.4	66.1	64.9	66.9	66.1	63.7	59.2
		35～64歳	87.7	87.8	87.0	85.5	87.4	86.6	84.7	86.3	86.6	85.4	87.1	87.5	86.8	85.2	81.2
		65歳以上	22.7	24.1	22.4	23.1	24.2	23.0	24.8	22.1	25.7	21.8	24.6	23.0	23.8	24.8	17.7
	女性	計(15歳以上)	43.8	43.9	41.0	41.9	43.8	41.5	43.5	42.6	44.9	40.7	44.8	42.4	44.1	43.0	43.6
		15～34歳	57.0	56.7	57.3	57.6	58.8	57.6	59.5	56.8	59.4	58.4	59.1	58.2	59.4	57.5	51.1
		35～64歳	69.5	69.4	68.9	68.5	69.7	67.6	72.8	66.1	71.1	68.0	72.0	69.7	72.1	69.1	65.6
		65歳以上	10.6	10.6	10.5	13.0	13.2	11.9	14.2	10.6	13.2	10.6	13.3	11.1	13.0	13.1	10.1
2030年 経済再生・労働参加進展シナリオ	男女計	計(15歳以上)	58.1	58.4	55.5	55.2	57.5	55.5	55.8	56.8	58.2	54.4	57.6	56.7	56.9	56.0	56.5
		15～34歳	67.8	67.5	68.3	65.5	67.1	66.5	65.6	65.5	68.0	67.8	67.4	68.2	68.1	68.1	61.6
		35～64歳	84.7	84.8	84.1	83.4	84.8	83.4	84.9	82.6	84.9	83.0	85.3	84.8	85.3	83.4	80.5
		65歳以上	20.7	22.2	20.2	22.7	23.4	21.6	24.1	20.3	24.1	20.2	23.5	21.1	22.9	23.7	18.4
	男性	計(15歳以上)	67.3	67.6	65.4	63.5	65.7	64.6	63.4	65.8	66.7	63.5	65.7	66.0	65.0	63.9	63.2
		15～34歳	71.9	71.5	72.4	67.3	69.2	68.8	66.3	67.6	70.6	70.9	69.8	71.7	70.8	68.6	65.1
		35～64歳	91.5	91.6	90.9	90.0	91.3	90.7	89.4	90.3	90.7	89.8	91.0	91.3	90.8	89.5	86.3
		65歳以上	29.9	31.4	29.4	30.5	31.6	30.4	32.4	29.4	33.7	29.3	32.4	30.4	31.4	32.6	24.9
	女性	計(15歳以上)	49.7	50.0	46.9	48.0	49.9	47.6	49.2	49.0	50.9	46.6	50.6	48.3	49.9	49.2	50.2
		15～34歳	63.6	63.3	64.0	63.7	64.9	64.1	64.9	63.3	65.4	64.6	65.0	64.7	65.3	63.9	58.1
		35～64歳	77.8	77.8	77.3	77.0	78.1	76.3	80.5	75.2	79.3	76.6	79.9	78.1	80.0	77.8	74.7
		65歳以上	16.9	15.5	13.8	16.9	17.1	15.5	18.3	13.9	17.3	13.9	17.2	14.5	16.9	17.1	13.3

注：労働政策研究・研修機構（2016a）に基づき筆者作成

167

まとめと今後の課題

第1節　各章のまとめ

　本書では、序章において、1940年代以降から近年までの地域を対象とする雇用政策の流れをたどった後、地域雇用政策に関する先行研究を簡単に整理した。

　第Ⅰ部第1章では、リーマン・ショック後に実施された雇用創出基金事業、すなわち、ふるさと雇用再生特別基金事業・緊急雇用創出事業・重点分野雇用創出事業および地域人材育成事業から、緊急雇用創出事業以外の事業に焦点を当て、その効果と課題を整理した。

　雇用創出基金事業の効果として地方自治体では、これまで実施できなかった事業を行うことが出来た点を高く評価している。特に、ふるさと雇用再生特別基金事業については、事業によって雇用された方の多くが委託先での継続雇用につながった点、地域の実情に則した取組みが可能な点などが評価されている。

　一方、雇用創出基金事業の課題も明らかになっている。一つは、受け皿となる企業やNPOがない、少ない、地元にある企業・事業所の規模が小さいという点である。それ故、雇用の受け皿となる企業やNPOの育成と雇用の拡大を同時に進められるような制度設計が必要と考えられる。

　これと関連して、地方自治体が事業を消極的に評価している場合、継続雇用につながらなかった点を問題としてあげている割合が高く、上記の問題は、事業や雇用の継続性とも関連している可能性がある。

　また、事業を行う上での問題点や課題を解決するために、国に期待することとして、「基金事業の成功事例、失敗事例の情報提供」が多くあげられており、広い意味での情報の蓄積が必要とする自治体が多かった。これは、今回の雇用創出基金事業を実施した自治体の中には経験の蓄積がないことを苦

労した点としてあげる自治体が多かったこととも関連している。そのため、基金事業の受け皿の確保や充実、さらに、創出される雇用の質について十分な情報提供を行うことが有益であろう。

これに加えて、雇用創出基金事業を産業政策や地域振興のための事業とは関係なく実施した地方自治体が多い。制度的には単独実施とともに他の政策との組合せが可能となるような枠組みをつくり、併せて基金事業が他の政策と相互補完的な効果を生むかどうかの検証も必要であろう。

問題点や課題に対する取組みとの関連でもう１つ重要な点は、雇用創出基金事業の評価の実施割合が低い点である。事前、中間、事後の各段階で、事業の評価を実施して評価結果を行政的に事業に反映させることが求められる。

第Ⅱ部の３つの章では、不況からの回復期から好況期の地域の雇用政策の取組みと人の地域間移動の要因について議論した。各章の議論を簡単に整理すると、以下のようになる。

第２章では、地域雇用に関して現在何が問題なのか、雇用機会の地域間格差と人材流出の観点から議論した。地域の雇用情勢は、雇用機会の「量」（有効求人倍率や失業率）に関する地域差が縮小したように見えるものの、雇用機会の「質」には地域差が大きく、地方では若者を中心とした人口流出が引き起こされている。出身地からの転出は、18歳時の大学等進学を機としたものが主だが、問題は大学等を卒業後に地元に戻れるかどうかにある。ここで、雇用機会の地域間格差を背景にしてＵターンが進まないという問題を抱える。

雇用機会の地域差については、大きく３つに類型化した。すなわち、雇用の受け皿不足、労働条件の地域差、地元企業の認知不足の問題である。雇用の受け皿不足は、都市部から離れた地域で特に深刻である。それは雇用機会のヴァリエーションが極端に乏しいという形をとってあらわれる。なお、仕事のヴァリエーションが比較的ある地方都市（大都市）でも、大卒文系の就職先は往々にして乏しく、Ｕターンに課題を抱える。

労働条件の地域差は、賃金格差のほか、就業時間帯、福利厚生なども含めた「希望条件のミスマッチ」の問題といえる。なお、新卒就職における大企業・有名企業志向といった希望・行動も、地方就職を妨げていよう。

地元企業の認知不足も人材流出に大きく関わっている可能性がある。地域企業の存在・魅力が十分知られていないこと、大都市部における有名企業に引き寄せられる面がある。それは、本人のみならず親の意識の問題でもある。また、地元企業が求人を出すタイミングが遅いこと、学校と県外企業との伝統的なつながりがあることなども人材流出の背景にある。

　続く第3章では、良質な雇用機会の創出を中心とする地域活性化の取組みについて検討した。

　製造業等の地元企業の集積がある地域（地方の中小都市等）においては、地場の産業基盤を活かす雇用創出策がみられる。地元企業のニーズに即し、受注や開発、人材育成にかかわる支援をいかに行うかに地域の工夫がある。産業基盤を強化するとともに、求職者向けに必要なスキルアップを行うことで、雇用創出につなげる例がみられる。

　一次産業以外に産業基盤の乏しい地域の活性化・雇用創出は、地元の農水産物を活かした加工・販売や、ブランド化、潜在的な観光資源を活かすなどの方策が考えられる。商品開発では、加工のみならず、デザインで付加価値をつけるなど販売段階での戦略もみられる。事業が成功し、起業が続けば、地域コミュニティの活性化にもつながる。

　地域活性化のプロセスでは、地域関係者の連携による問題の共有、外部の視点などが重要と示唆される。外部の視点とは、UIターン者のほか、デザイナー等の専門家の参画による事例が見られる。なお、雇用創出等の成果を得るまでには、販売段階での困難や時間がかかる面があるが、地域が目指す姿を共有し、地道に取り組むことが成功の道である。

　第4章では、UIJターンの実際と希望、その促進・支援のあり方など、地方への人材還流の可能性について議論した。

　Uターンは、22歳時の大卒就職のタイミングがピークだが、30歳頃まで離転職を機に続く。出身県Uターンには、県内中心都市へのJターンが多く含まれ、出身地域の雇用機会などが関係する。また、Uターンによって、収入低下を伴う場合が少なくないが、労働時間や通勤の負担などが軽減され、生活の質向上をもたらす可能性がうかがえた。

　地方移住（Iターン）は、男性では転職・就職、女性では結婚を機とした

ものが多い。転職・就職での地方移住は属性にやや偏りがあり、「田舎暮らし志向」の地方移住はボリューム的に小さい。特に女性では、移住によって生活面の苦労が多いとともに、仕事がなかなか見つからないなどの苦労があり、更なる行政支援が求められる。

　県外居住者にはＵターン希望が少なくない。この点、地域の子どもたちが転出前に「働く場」を知ることが、進学等で地元を出た後も出身地への愛着として残り、Ｕターン希望にも反映される可能性がある。こうした観点から「早くからの意識付け」や「愛着の醸成」は、将来的なＵターン（希望）の土壌ともなるものであり、地域では中長期的な視野をもって取り組まれている。

　働く場をどのように知らせるのかは、地域の位置づけによって異なる。都市部から離れた地域では、学校の行事（企業見学）や職業体験、もしくは親など家族・親族の情報が大きな役割を担っている。

　第Ⅲ部第５章では、地域の労働力需給の将来像を描くことによって、少子高齢化により人口減少過程にある日本において、国内需要の減少にいかに立ち向かい、地方創生、あるいは地域活性化を成し遂げるかという課題の対応策を検討する上での基本情報を提供しようとした。

　性・年齢階級計の労働力人口及び労働力率の見通しについては、ゼロ成長・労働参加現状シナリオにおける労働力人口は、沖縄、滋賀、愛知、東京、神奈川といった地域で減少率が相対的に小さく、東京以外は、いずれも将来人口が増加する見込みである。滋賀、愛知、東京は労働力率の低下幅が相対的に小さいが、沖縄と神奈川では低下幅が大きい。また、経済再生・労働参加進展シナリオにおける労働力人口、人口、労働力率の2014〜2030年の変化をみると、経済・雇用政策の実施によって現在は相対的に労働力率の低い性・年齢階級の労働参加が進むと想定されているため、秋田と北海道を除くすべての地域で労働力率が上昇し、結果として労働力人口の減少幅がゼロ成長・労働参加現状シナリオよりも縮小されている。特に、ゼロ成長・労働参加現状シナリオの結果で労働力人口の減少率が相対的に小さい沖縄、滋賀、愛知、東京、神奈川５つの地域では労働力人口が増加する結果となっている。

　性・年齢階級別の労働力率及び就業者数の2030年までの変化は、ゼロ成長・

労働参加現状シナリオにおいて、人口規模の大きな大都市圏や北海道の増分が相対的に大きく、経済再生・労働参加進展シナリオでもゼロ成長・労働参加現状シナリオと同じ傾向であるものの、全国的に増分が大きくなる。ゼロ成長・労働参加現状シナリオにおいて、いずれの都道府県でも就業者数は減少するが、概ね関東、中部、近畿の三大都市圏、宮城、沖縄、九州地域も減少率が小さい。一方、東北、中国、四国地域の一部、北海道、富山、長野、静岡においては大きく減少する。経済再生・労働参加進展シナリオにおいても、ゼロ成長・労働参加現状シナリオと傾向は同様であるが、全国的に就業者数の減少率は小さくなる。

　男性の 60 〜 69 歳の労働力率は、北陸、甲信地域及び東京で相対的に高い。東日本で労働力率が相対的に高くなっている。ゼロ成長・労働参加現状シナリオにおいて、概ね関東、中部、近畿の三大都市圏の増分が相対的に大きく、これらの周辺の地域では、労働力率が低下する場合も散見される。経済再生・労働参加進展シナリオにおいては、近畿、中国、四国地域で労働力の増分が相対的に大きくなっている点、労働力率が低下する場合はない点でゼロ成長・労働参加現状シナリオと傾向が異なる。

　男性の 60 〜 69 歳の就業者数の 2030 年までの変化を見ると、ゼロ成長・労働参加現状シナリオにおいて、いずれの都道府県でも就業者数は減少し、概ね関東、中部、近畿の三大都市圏、宮城、沖縄では相対的に減少率が小さい。一方、東北、中国、四国、九州地域の一部においては、大きく減少する。経済再生・労働参加進展シナリオにおいても、ゼロ成長・労働参加現状シナリオと傾向は同様であるが、概ね関東、中部、近畿の三大都市圏、宮城、沖縄では就業者数が増加する。

　産業別の就業者数の 2030 年までの変化を見ると、ゼロ成長・労働参加現状シナリオでほとんどの都道府県で就業者数は減少するが、大分と沖縄では増加している。とりわけ東北、近畿、山陰地域に減少率が大きな場合が多い。経済再生・労働参加進展シナリオにおいては、ゼロ成長・労働参加現状シナリオで就業者数が増加する地域に加え、関東、中部、山陽、九州地域の一部においても増加する。

　医療・福祉の就業者数の 2030 年までの変化を見ると、ゼロ成長・労働参

加現状シナリオにおいて、石川は例外的であるが、その他は関東、中部、近畿の三大都市圏、広島、福岡といった人口規模の大きな地域で就業者数の増加率が相対的に大きい。一方、東北や山陰地域の一部では就業者数の伸びが相対的に小さくなっている。経済再生・労働参加進展シナリオにおいても、ゼロ成長・労働参加現状シナリオと傾向は同様であるが、全国的に就業者数の増加率は大きい。

第2節　今後の課題

1　地域雇用をめぐって

　地域をめぐる政策の主体が国から地方へと変わり、都道府県、市町村が果たす役割がいっそう大きくなっている。これまでは、都道府県レベルと市町村レベルでは政策の企画力、政策形成の役割が異なっていた。しかし、今後は市町村レベルにもそれらが求められると考えられる。地域主権が進めば、自治体では一層政策企画力、政策形成能力を高めることが求められる。このような流れの下、地方自治体、特に市町村における雇用創出の取組みの変化が注目されるようになった。

　JILPT での地域雇用研究開始直後に実施したアンケート調査結果によると、雇用創出の重要性については自治体の長、雇用問題の担当者ともに認識しているが、どのような地域をめざすのか、明確なビジョンづくりを行っている自治体は少なかった。その後に実施した調査では、徐々に取組みが進んでいる様子がうかがえた。

　雇用創出は産業政策、地域開発政策と密接に関係している。しかし、現実には産業政策と雇用政策の連携（あるいは整合性）は必ずしも十分ではない。基金事業の実施状況がそれを物語っている。自治体において雇用創出への取組みが増えたといっても、ブームの中で横並びに実施した企業誘致が目立つのも事実である。一部の市町村では戦略的産業を決めず、業種にこだわらず誘致活動を行っている。それゆえ、地域資源を踏まえた上で、地域の雇用創出に取り組む際に、雇用ビジョンと産業ビジョンをあわせて持つことが重要

である。雇用戦略のビジョンを持つようになった市町村が増えたものの、残念ながら雇用創出策の実施に結びついていない自治体も少なくない。その意味では市町村は雇用創出の取組みに着手したばかりなのかもしれない。

　多くの機会に指摘されているように、地域経営ではリーダーシップをもって取り組むキーパーソンが地域にいるかどうかがポイントになる。地域の特性を活かした産業・雇用政策を企画・立案し、実行するためには１人のキーパーソンがいるだけでは不十分で、彼（女）を支える政策担当者を含め地域の利害関係者の関与が不可欠である。そのため、地域人材の人材育成がますます重要になると思われる。

　もちろん、地域人材の育成にあたっては、中核的な市とそれ以外の市、人口規模が小さい町村では状況が異なる。それゆえ、一律な対応を期待するのは現実的ではないだろう。地域特性や産業の集積などをふまえ、いくつかのタイプ別にわけて対応することも考えられよう。

　第３章の議論にもあるように、地元企業のニーズに即した受注や開発、人材育成の支援も必要であろう。産業基盤が乏しい地域において、地元の農水産物を活かした加工品の製造や販売、ブランド化、観光資源の活用などの取組みが行われているが、加工だけではなく、（パッケージなどの）デザインで付加価値つける販売戦略が成功した事例もあった。

　市町村が雇用創出に取り組む際の課題として、「地域人材の不足」「財源不足」「雇用創出のノウハウ不足」が指摘されている。これらの課題は、雇用創出に取りかかる前には「地域人材の不足」と「財源不足」が、雇用創出策に取り組みはじめた後に「雇用創出ノウハウ不足」が問題になる。第３章の事例によれば、UIターン者や外部の専門家による「外部の視点」が重要であることが示唆された。

　市町村が抱えるこれらの課題は、地域雇用創出において国に期待することとして多くあげられた「雇用創出のための補助金や助成金の整備・拡充」、「雇用創出のノウハウの情報提供」、「雇用創出に関する成功事例についての情報提供」といった支援ニーズと同じ傾向である。基金事業によって実施された施策は、主観的ではあるが、市町村における政策の企画・立案力にプラスの効果があったと評価されている。特に、地域が主体となって雇用創出に取り

組むことから、地域資源を活用することに主眼がおかれる点、計画の作成から実施までの過程において、労働局、ハローワーク、市町村が連携して取り組むことによって縦のネットワークが生まれる点、隣接する市町村がいくつか共同で事業に取り組むことによって横のネットワークが生まれる点など、国による市町村支援のあり方として地域人材の育成に重点を置き、地域の自立を支援するべきであろう。

2　少子化と人口流出をめぐって

　2014年、少子化と人口の流出によって自治体のおよそ半数が存続可能性を危ぶまれるという「消滅可能性都市」の発表は、間違いなく日本中に衝撃を与えた。人口減少社会の具体的な姿は、自治体に戸惑いと同時に、何らかの対策に取り組む必要性を感じさせるに十分であったろう。

　政府は「働き方改革」を進めるとともに、「まち・ひと・しごと創生本部」を設け、その対策に取り組んでおり、地方自治体においても「地方版総合戦略」をつくることが求められている。

　自治体の存続可能性を脅かす第一の要因である人口の流出については、地方の就労機会の減少、地方において魅力的な雇用機会が少ないといったことも要因の一つになっていると考えられる。この問題については、本書の中核である第2章、第4章で言及している。それによると、人口流出が多い年齢は18歳の大学等への進学であるが、卒業後の就職に当たり、地元に戻るようになるかどうかは、雇用機会の「量」とともに、魅力的な就職先のような、その「質」の地域差をいかに解消するかという点とも関連する。第2章の議論によると、雇用の受け皿の不足、労働条件の地域差、地元企業の認知不足という3つの点が解消されるべき課題としてあげられている。

　さらに、第4章の議論によると、県外居住者の中にはUターン希望者が少なくないという。そして、転出前に学校の企業見学や職業体験、家族・親族の情報を通じて「働く場」を知ってもらい、出身地への愛着や意識付けがUターンを増やすことにつながるという視点から中長期的に取り組んでいる例が紹介された。

　また、Uターンによって収入は低下することが多いものの、労働時間や通

勤負担が軽減され、生活の質の向上につながっているとの調査結果が示されている。長時間労働につながる働き方が社会問題化している中、この点は地方で働くことのメリットとなるだろう。

　自治体の存続可能性を脅かすもう一つの要因である少子化については、残念ながら、本書ではあまり扱われていない。地方において結婚し、子供を持つことが実現しないのは何故かということについて、賃金の地域間格差など様々な要因が考えられるが、その点について検討するのは今後の課題としたい。

3　地方が取り組むべきもう一つの課題

　第5章が提示した地方の労働需給の将来像と関連して、地方が取り組むべきもう一つの課題にふれておきたい。経済産業省「新産業構造ビジョン　中間整理」によると、IoT・ビッグデータ・人工知能等による変革が急速に進展し、成長戦略の柱に成ることが指摘されている。具体的には、IoT（「Internet of Things、モノのインターネット」とも呼ばれている）によって、実社会のあらゆる事業・情報がデータ化・ネットワークを通じて自由にやりとり可能になること、集まった大量のデータ（ビッグデータ）を分析し、新たな価値を生む形で利用可能になること、AI（人工知能）によって機械が自ら学習し、人間を超える高度な判断が可能になること、多様かつ複雑な作業についてもロボットの活用によって自動化が可能になることなどが考えられ、実現不可能と思われていた社会が可能となり、これに伴い、産業構造や就業構造が劇的に変わる可能性もあるという。

　同報告では現状放置シナリオと変革シナリオ[1]の試算を行っており、前者では2030年に735万人の雇用が失われるのに対して、後者では161万人の雇用が失われるにとどまるとのことである。産業別、職業別に従業者数の変化を見ていこう。図表終-1は産業別の従業者数の変化を見たものであるが、

1　社会課題を解決する新たなサービスを提供し、グローバルに高付加価値・高成長部門を獲得すること、技術革新を活かしたサービスの発展による生産性の向上と労働参加率の増加により労働力人口減少を克服すること、機械・ソフトウエアと共存し、人にしかできない職業に労働力が集中する中で、人々が広く高所得を享受する社会を想定している。

たとえば自動車、通信機器、産業機械等の顧客対応型製造部門では現状放置シナリオで約 210 万人、変革シナリオでも約 120 万人の従業者数の減少が予想される。これらの産業は、実はこれまで地方の雇用を支えてきた産業でもある。建築、卸売、小売、金融等の役務・技術提供型サービス部門でも、現状放置シナリオでは約 280 万人、変革シナリオでは約 50 万人の減少が予想されている。

　図表終-2 の職業別従業員数を見ると、もっとも大きな減少が予想されている製造ラインの工員、企業の調達管理部門など製造・調達部門では現状放置シナリオでは約 260 万人、変革シナリオでは約 300 万人の従業者数の減少が予想されている。

　こうした将来について、同報告書では、第 4 次産業革命の成果を大企業か

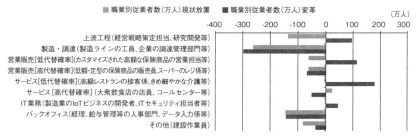

図表終-1　第四次産業革命による産業構造の変化

▨ 従業者数(万人)現状放置　■ 従業者数(万人)変革

（万人）

粗原材料部門(農林水産、鉱業等)
プロセス型製造部門(石油製品、鉄鋼・粗鋼、化学繊維等)
顧客対応型製造部門(自動車、通信機器、産業機械等)
役務・技術提供型サービス部門(建築、卸売、小売、金融等)
情報サービス部門(情報サービス、対事業所サービス)
おもてなし型サービス部門(旅館、飲食、娯楽等)
インフラネットワーク部門(電気、道路輸送、電信・電話等)
その他(医療・介護、政府、教育等)

資料出所：経済産業省「新産業構造ビジョン　中間整理」の数値に基づいて作成。

図表終-2　第四次産業革命による職業別従業者数の変化

▨ 職業別従業者数(万人)現状放置　■ 職業別従業者数(万人)変革

（万人）

上流工程(経営戦略策定担当、研究開発等)
製造・調達(製造ラインの工員、企業の調達管理部門等)
営業販売[低代替確率](カスタマイズされた高額な保険商品の営業担当等)
営業販売[高代替確率](低額・定型の保険商品の販売員、スーパーのレジ係等)
サービス[低代替確率](高級レストランの接客係、きめ細かな介護等)
サービス[高代替確率](大衆飲食店の店員、コールセンター等)
IT業務(製造業のIoTビジネスの開発者、ITセキュリティ担当者等)
バックオフィス(経理、給与管理等の人事部門、データ入力係等)
その他(建設作業員)

資料出所：経済産業省「新産業構造ビジョン　中間整理」の数値に基づいて作成。

ら中小企業、中央から地方へと確実に届けることが必要だが、地方への波及は国際的にも課題であるとして「標準化活用支援パートナーシップ機関」を47都道府県に拡大すること、「地域未来投資促進法」による地域経済を牽引する事業の促進などが示唆されている。

　もちろん、こうした数値が実現するかどうかはわからないが、従来地方の雇用を支えてきた産業が、将来も地方の雇用を支えていくとは限らない。振り返ってみると、大都市圏から地方圏へと移転させた企業が、円高に対応するために海外移転を進め空洞化が進んだこと、記憶に新しいところでは、JILPTの第1期中期計画における地域雇用研究で好事例として取り上げられた三重県に誘致された液晶テレビ工場のその後など、経済環境の変化や激しい国際競争と技術進歩によって地方の雇用は大きな影響を受けてきた。これまでと同じ取組みを続けていくだけではなく、将来を見据えた全体構想（グランドデザイン）をとりまとめ、それに向かって新たな取組みを行うことが必要になろう。

執筆者略歴

渡邊　博顕（わたなべ・ひろあき）：序章、第1章、終章

　労働政策研究・研修機構　統括研究員。

　主な著作に、『雇用創出基金事業の政策効果の検証』JILPT 調査シリーズ No.118（労働政策研究・研修機構、2014 年 5 月）などがある。

　社会政策論専攻。

髙見　具広（たかみ・ともひろ）：第2章、第3章、第4章

　労働政策研究・研修機構　研究員。

　主な著作に、『地方における雇用創出―人材還流の可能性を探る』JILPT 資料シリーズ No.188（労働政策研究・研修機構、2017 年 3 月）などがある。

　産業・労働社会学専攻。

中野　諭（なかの・さとし）：第5章

　労働政策研究・研修機構　副主任研究員。

　主な著作に、『労働力需給の推計―新たな全国推計（2015 年版）を踏まえた都道府県別試算―』JILPT 資料シリーズ No.166（労働政策研究・研修機構、2016 年 4 月）などがある。

　計量経済学専攻。

JILPT 第3期プロジェクト研究シリーズ No.8
次代を創る地域雇用政策

2018年3月16日　第1刷発行

編　　集　（独）労働政策研究・研修機構
発 行 者　理事長　菅野和夫
発 売 所　（独）労働政策研究・研修機構
　　　　　〒177-8502　東京都練馬区上石神井4-8-23
　　　　　電話　03-5903-6263
制　　作　有限会社　ボンズ企画
印 刷 所　有限会社　大平印刷